김성민의

중국어

X

파일 **下**

놀면서 익히는 중국어 秘書!

김성민의 **중국어 X 파일** 下

초판1쇄 2015년 7월 15일
초판3쇄 2019년 4월 2일

저　　자	김성민 편
발 행 인	윤우상
총　　괄	윤병호
책임편집	최다연
북디자인	Design Didot 디자인디도
발 행 처	송산출판사
주　　소	서울특별시 서대문구 통일로32길 14 (홍제 2동)
전　　화	(02) 735-6189
팩　　스	(02) 737-2260
홈페이지	http://www.songsanpub.co.kr
등록일자	1976년 2월 2일. 제 9-40호

ISBN　　978-89-7780-227-8 14720
　　　　　978-89-7780-225-4(세트)

이 도서의 국립중앙도서관 출판예정도서목록(CIP)은
서지정보유통지원시스템 홈페이지(http://seoji.nl.go.kr)와
국가자료공동목록시스템(http://www.nl.go.kr/kolisnet)에서 이용하실
수 있습니다.
(CIP제어번호 : CIP2015018316)

김성민의

중국어 X파일 下

김성민 편

송산출판사

 지금은 국제화시대로 지구촌이라는 이름하에 경제 문화 예술 등 다방면에서 국경이라는 개념들이 사라지고 있어 구시대처럼 우리만의 것을 가지고 고집할 수 없게 되어버렸습니다.

 국제사회에서 우물 안 개구리가 되지 않으려면 내가 볼 수 있는 우물의 구멍 개수를 늘려나가야 하는데 그것이 바로 외국어가 만들어주는 역량입니다. 하나의 외국어를 더 알게 되면 하나의 또 다른 세상을 볼 수 있는 능력을 가질 수 있게 됩니다.

 외국어를 배우고 익힘은 결코 학문의 형식을 띄어서는 안되며 기술의 전수가 되어야 한다고 줄곧 주장해왔습니다.

 새로운 기술은 즐거운 오락을 가지고 놀 듯 재미와 실제사용이 뒤따라야 할 것인데 시험이나 어려운 용어가 난무하는 문법의 함정에 빠져 이렇게 즐거운 오락을 한 가지도 제대로 만끽하지 못하는 사람을 많이 보았습니다.

 현재 국제정세에서 가장 중요한 언어로 대두되고 있고 우리나라와도 가장 밀접한 관계를 가지게 된 중국의 언어는 누구나 공히 익혀야 할 제 1 외국어로 급부상하고 있습니다. 그에 대한 교재들도 넘쳐나는 풍요를 누리게 되었지만 한국인을 위한 관점에서 한국인이 쉽게 접할 수 있게 만들어진 교재는 드물었습니다.

 중국인은 한국사람이 자신들의 언어에 대해 어떤 점을 어려워하는 지 결코 알기 힘들기에 중국에서 제작된 번역판 형태의 교재들을 보며 고민하던 중 25

년간의 학원가 강의 경험을 토대로 한국인이 가장 쉽고 빠르게 익힐 수 있는 패턴을 만들어내게 되었습니다. 기존의 "교재"라는 틀을 벗어난 즐겁게 소설처럼 읽으며 새로운 기술을 익힐 수 있는 오락 설명서가 되기를 바라는 바입니다.

책을 출간하겠다고 했을 때, 책 내용 한 글자도 보지않고 "김선생이 내겠다면...!" 한마디로 흔쾌히 출간을 허락해주신 의리의 사나이 윤우상 사장님, 구두굽이 닳도록 원고를 들고 분주히 서울 부산을 오가며 고생한 윤병호 과장님, 기존 형식을 무시한 원고에 손가락이 부르튼 최준명 대리님, 원고작업에만 신경쓸 수 있도록 궂은일은 알아서 다 처리해준 김영철 상무님, 곁에서 끝없는 교정과 사투리 만땅의 강의를 녹취하고 정리해 준 이진희 실장님... 고마운 사람은 끝이 없지만 중국어가 누구나 쉽게 배울 수 있는 쉬운 언어라는 개념을 퍼뜨려 그 즐거움을 함께 공유하고 싶습니다.

2015년 5월
저자 김성민

21강

완료형 "了"

• 본 과의 목표 : 완료형 (과거형)시제 문장 만들기에 도전

- 了 le 완료를 나타내는 문말 어기사
- 已经(已經) yǐ jīng 이미
- 您 nín 2인칭(당신)에 대한 존칭
- 走 zǒu 가다, 걷다
- 斤 jīn 근
- 水果 shuǐ guǒ 과일
- 作业(作業) zuò yè 숙제

중국어는 존칭이 없습니다. 베이징지역의 토속방언에는 존칭을 나타내는 어휘들이 있었는데 이는 표준어의 요소가 아니지만 2인칭에 대한 존칭이 너무 예뻐서인지 '您'을 표준어에 정착 시켰습니다.

중국어는 시제에 대해서 목을 달고 표현하지 않습니다. 앞이나 부사자리에 시제를 미리 제시하여 표현해도 충분하지만 강조를 하거나 꼭 시제를 표해야 할 경우 사용할 뿐입니다. 그리고 4가지 술어 중 시제를 가지는 것은 오로지 동사뿐이라는 것을 명심하셔야 합니다.

'是'나 형용사나 '有'도 분명 한국말로 하면 시제가 존재하는데 이들은 시제를 나타내는 시간사 따위를 선행시켜 표현합니다. 그래서 앞으로 계속될 시제에 관한 부분은 오로지 동사에만 해당됩니다.

완료형은 간단히 동사 뒤에 완료가 되었다는 '了'를 붙이면 완성되고 이에 대한 부정은 '不'가 아닌 '不'와 '了'가 결합되어 동사 앞에 '没有'로 표현합니다. 이때 '有'는 생략할 수 있습니다.

我 看 了。
Wǒ kàn le.
나는 보았다.

我 没 有 看。
Wǒ méi yǒu kàn.
나는 안 보았다.

他 来 了。
Tā lái le.
그가 왔다.

他 没 有 来。
Tā méi yǒu lái.
그는 안 왔다.

老 师 已 经 走 了。
Lǎo shī yǐ jīng zǒu le.
선생님은 이미 가셨다.

我 买 书 了。
Wǒ mǎi shū le.
나는 책을 샀다.

我 们 吃 饭 了。
Wǒmen chī fàn le.
우리는 밥을 먹었다.

'了'는 성격상 자꾸 목적어를 무시하고 문장 끝으로 가려고 하지요. 그래서 많은 책들이 완료형은 문장 끝에 '了'를 둔다고 합니다. 취급받지 못하는 목적어의 비애이기도 하지만 엄밀히 말하면 동사 뒤에 완료를 나타내는 '了'가 생략되어있고 문장 끝은 과거의 어기를 강하게 해주는 문말 어기사가 온 것이라고 해야지만 예외가 없으면 법칙이 될 수도 있으니 일단 '了'는 목적어를 무시하고 뒤로 넘어간다고 생각하시면 무리가 없겠습니다.

你 吃 什 么 了?
Nǐ chī shén me le?
당신은 무엇을 먹었나요?

你 吃 了 什 么?
Nǐ chī le shén me?
당신은 무엇을 먹었나요?

您 吃 饭 了 吗?
Nín chī fàn le ma?

당신 식사하셨어요?

뒤로 가봐야 어기사로 인하여 문장 끝에 위치할 수 없으면 안가도 상관은 없겠죠. 그리고 아무리 목적어를 무시해도 1:1의 싸움이 아닌 목적어가 수식성분을 가져 길어지면 일반적으로 목적어를 무시하고 뒤로 넘어가지 못합니다.

您 吃 了 饭 吗?
Nín chī le fàn ma?

당신 식사하셨어요?

我 买 了 三 斤 包 子。
Wǒ mǎi le sān jīn bāo zi.

나는 만두 세 근을 샀다.

我 买 了 两 本 书。
Wǒ mǎi le liǎng běn shū.

나는 책 두 권을 샀다.

我 买 了 那 本 书。
Wǒ mǎi le nà běn shū.

나는 그 책을 샀다.

老 师 看 了 我 的 作 业。
Lǎo shī kàn le wǒ de zuò yè.

선생님이 내 숙제를 보셨다.

我 们 吃 了 很 多 水 果。
Wǒmen chī le hěn duō shuǐ guǒ.

우리는 많은 과일을 먹었다.

我 看 了 不 少 电 影。
Wǒ kàn le bù shǎo diàn yǐng.

나는 적지 않은 영화를 보았다.

실제 중국인들의 대화에서 중국인들도 틀리게 말하는 경우를 상당히
자주 볼 수 있는 부분입니다. 수학공식처럼 꼭 맞추려고 하지 마시고
나오는 대로 편히 이야기하세요. 좀 틀리면 어때? (전공자제외)

성민샘잔소리!

이상의 본문을 모두 부정문으로 바꾸기를 꼭 해보셔야 합니다. 제발~

이제까지의 내용이 이해가 되었으면 다음의 말들을 머릿속에서 만들고
소리내어보세요.

선생님이 오셨다.
선생님은 오지 않으셨다
나는 밥을 먹었다.
나는 밥을 먹지 않았다.
나는 과일을 샀다.
나는 과일을 사지 않았고 만두를 샀다.
그는 세 권의 책을 샀다.
나는 영화를 보았다.
나는 중국영화를 보았다.
나는 그 영화를 보았다.
그는 나의 말을 듣지 않았다.

■ 음악

중국은 고대의 음악을 잃어버렸습니다.

당(唐)대에 당악(唐乐)의 발달로 이전의 주(周)대로부터 내려오던 전통악이 사라져버린 것이지요. 그래서 우리가 지금 듣는 중국풍의 약간 빠르고 경망스럽다고까지 느낄지 모르는 그러한 음악은 당대 이후의 것입니다.

예전의 아악과 제례음악은 오히려 우리나라에 남아있는 국악의 그것이 더 원형에 가깝지요. 그래서 중국에서도 당대이전의 고대음악을 연구하는 사람은 한국으로 국악을 배우러 온답니다. (전통을 절대로 고수하는 의지의 한국인) 게다가 문화대혁명 기간 전통문화의 타파로 더 충격을 받은 전통음악은 상당부분 큰 상처를 입고 말았지요.

22강

연결의 "了"와 词组

· 본 과의 목표 : 연결구를 이용한 문장 만들기와 사조이야기

- **就** jiù 연결사
- **再** zài 연결사

- **睡** shuì 자다
- **睡觉**(睡覺) shuì jiào 잠을 자다
- **见**(見) jiàn 만나다
- **见面**(見面) jiàn miàn 만나다
- **说**(說) shuō 말하다
- **说话**(說話) shuō huà 말을 하다
- **帮**(幫) bāng 돕다
- **帮忙**(幫忙) bāng máng 돕다

'내가 책을 샀다'는 말은 '我 买 书 了'가 되는데 '我 买 了 书'라고 하면 어법상 틀린 문장이잖아요. 하지만 정답은 아직 틀리지 않았다입니다.

'了'가 뒤에 위치하지 않은 것은 문장이 끝나지 않았다는 것을 나타내는 것이므로 사는 것을 완료 하고 나서 문장을 계속 이을 수 있습니다.

이때 문장이 계속 된다는 표시를 나타내야겠죠. 그 두 문장을 이어주는 본드가 '就'나 '再'입니다.

물론 해석할 필요가 없죠. 사전을 보고 곧, 바로, 따위로 해석하면 틀립니다.

기호에 불과한 글자입니다.

我 买 了 书 就 回 家。
Wǒ mǎi le shū jiù huí jiā.

나는 책을 사고 귀가한다.

我 买 了 书 就 回 家 了。
Wǒ mǎi le shū jiù huí jiā le.

나는 책을 사고 귀가했다.

위 문장에서 부사시간에 연습하던 술어를 찾아 동그라미를 치고 부사에 괄호를 쳐보세요. 다음과 같이 되겠죠.

我 (买 了 书 就) 回 家 了。

我 们 吃 了 饭 就 去 哪儿?
Wǒmen chī le fàn jiù qù nǎr?
우리 밥 먹고 어디가요?

我 们 吃 了 饭 就 看 电 影。
Wǒmen chī le fàn jiù kàn diàn yǐng.
우리는 밥 먹고 영화를 본다.

我 们 吃 了 饭 再 看 电 影。
Wǒmen chī le fàn zài kàn diàn yǐng.
우리는 밥 먹고 영화를 본다.

你 们 吃 了 饭 就 去 哪儿 了?
Nǐmen chī le fàn jiù qù nǎr le?
너희들은 밥 먹고 어디 갔었니?

我 们 吃 了 饭 就 去 看 电 影 了。
Wǒmen chī le fàn jiù qù kàn diàn yǐng le.
우리는 밥을 먹고 영화 보러 갔다.

明 天 我 看 了 电 影 就 回 学 校。
Míng tiān wǒ kàn le diàn yǐng jiù huí xué xiào.
내일 나는 영화를 보고 학교로 돌아간다.

＊ 주어의 위치에 따라서 다음처럼 표현할 수도 있습니다.

我 们 吃 了 饭 就 睡 觉。
Wǒmen chī le fàn jiù shuì jiào.

우리는 밥을 먹고 잠을 자요.

吃 了 饭, 我 们 就 睡 觉。
Chī le fàn wǒmen jiù shuì jiào.

밥 먹고 우린 잠을 자요.

🔵 사조의 이해

무작정 단순하게 단어를 외우면 동사처럼 보이지만 사실은 동사 속에 다른 성분을 품고 있는 즉, '**동사 + 목적어**' 형태로 된 단어를 사조라고 합니다. 이러한 형태는 이미 그 속에 목적어를 포함하고 있으므로 다시 목적어를 가져올 수가 없지요. 그래서 다음의 문장은 틀린 것이 됩니다. 얼굴을 그를 본다 일리가 없으니까요.

(×) 我 见 面 他。
Wǒ jiàn miàn tā.

그래서 사조의 경우는 다음과 같은 형식으로 목적어를 가져와야 합니다.

(○) 我 见 他。
Wǒ jiàn tā.

(○) 我 跟 他 见 面。
Wǒ gēn tā jiàn miàn.

(○) 我 和 他 见 面。
Wǒ hé tā jiàn miàn.

(○) 我 见 他 的 面。
Wǒ jiàn tā de miàn.

사조란 개념이 조금 어려울지 모르겠지만 '말을 하다'와 '말하다'의 차이를 구분하시라는 겁니다. 구분하면 어쩌자는 건가요? '말하다'는 목적어를 가져올 수 있고 '말을 하다'는 이미 목적어가 존재하고 있으니 다시 그 뒤에 일반 형태처럼 목적어를 둘 수 없다는 말입니다.

이제까지의 내용이 이해가 되었으면 다음의 말들을 머릿속에서 만들고 소리내어보세요.

나는 밥을 먹고 차를 마신다.
그는 차를 마시고 귀가한다.
나는 술을 마시고 나서 밥을 먹는다.
우리는 영화를 보고나서 쇼핑을 했다.
나는 그를 돕는다. (4종)

■ 노래

노래를 이용하여 중국어를 공부하면 효과가 있을까요? 중국어는 성조가 있는 언어라 노래에는 성조가 사라지므로 어찌보면 역효과를 가져올 수 있는 소지도 분명 존재합니다. 게다가 노래가사들은 대부분  백화형태의 회화체라고 보기보다는 서면체에 가까운 시적인 표현이 많아 초보자들에게는 상당히 난해할 수도 있지요.

그러나 그 어떤 언어를 익히더라도 익히는 과정에서 슬럼프라는 것이 오게 되고 그러한 슬럼프를 넘기는데 한 곡의 노래가 크나큰 조력자가 되는 수가 있습니다. 처음에는 그 정확한 뜻을 제대로 인지하지 못하더라도 음악이 좋아 계속 듣다보면 자신의 중국어 실력이 늘어남에 따라 점점 다르게 와 닿는 가사의 내용도 흥미를 유발시킬 수 있습니다. 게다가 더 중요한 것은 백 권의 교재를 보아도 익히기 힘든 주옥같은 미사여구는 노래 가사 속에서 자주 접할 수 있다는 것입니다. 그래서 많은 노래를 익히면 언어가 아름다워질 수도 있지요. 중국인들과 교류나 사업을 할 때는 중국어로 멋진 노래 대 여섯 곡 정도는 부를 줄 알아야 한다고 생각합니다. 12년간 중국에서 사업을 한 한 한국인 사업자의 조언입니다. 노래 한 곡 잘 부르고 못 부르고에 거래장 서명이 왔다 갔다 한다고…

변화의 "了"

- 본 과의 목표 : 변화를 나타내는 '了' 이해하기

- **漂亮** piàoliang 예쁘다
- **春夏秋冬** chūn xià qiū dōng 봄, 여름, 가을, 겨울
- **岁**(歲) suì 살, 세
- **以前** yǐqián 이전
- **以后**(以後) yǐhòu 이후
- **的时候**(的時候) deshíhou …할 때

시제는 오직 동사에만 표현할 수가 있다고 했는데 왜 형용사나 '是', '有'의 문장에도 '了'가 자주 등장할까요? 이는 완료형이 아니라 변화를 나타내는 말이 됩니다.

好 了。
Hǎo le.
좋아졌다.

多 了。
Duō le.
많아졌다.

红 了。
Hóng le.
붉어졌다.

便 宜 了。
Pián yi le.
싸졌다.

她 漂 亮 了。
Tā piào liang le.
그녀는 예뻐졌다.

现 在 是 春 天 了。
Xiàn zài shì chūn tiān le.
이제 봄이 되었다.

以 前 他 是 学 生, 现 在 是 老 师 了。
Yǐ qián tā shì xué sheng, xiàn zài shì lǎo shī le.
예전에 그는 학생이었는데, 지금은 선생님이 되었다.

现 在 几 点 了?
Xiàn zài jǐ diǎn le?
지금 몇 시예요?

现 在 八 点 了。
Xiàn zài bā diǎn le.
지금 8시 되었네요.

你 今 年 几 岁 了?
Nǐ jīn nián jǐ suì le?
너 올해 몇 살 됐어?

五 岁 了。
Wǔ suì le.
5살 됐어요.

계속 흘러가는 년, 월, 일, 요일, 시간, 나이, 계절 따위에서는 '是'를 생략한다고 한 것 기억나시나요? 위 문장은 '是'가 생략되어 있는 것들이니 '是'뒤에 '了'가 붙은 문장으로 보아 변화로 해석합니다.

她 有 男 朋 友 了。
Tā yǒu nán péng you le.

그녀는 애인이 생겼다.

已 经 没 有 了。
Yǐ jīng méi yǒu le.

이미 없어졌어요.

以 前 他 教 日 文, 现 在 教 中 文 了。
Yǐ qián tā jiāo Rì wén, xiàn zài jiāo Zhōng wén le.

예전에 그는 일어를 가르쳤는데, 지금은 중국어를 가르치게 되었다.

그렇다면 동사의 경우에는 변화를 표시할 수 없나요? 있습니다.

그러면 완료형과 변화형의 구분을 어떻게 합니까? 읽어보고 하는 수밖에 없죠.

그러나 다행히도 누구나 인지할 수 있을 정도의 시제를 미리 제시하는 것이 일반적입니다.

我 不 喝 酒 了。
Wǒ bù hē jiǔ le.
나는 술을 안마시기로 했다.

我 不 看 电 视 了。
Wǒ bú kàn diàn shì le.
나는 TV를 안 보기로 했다.

과거의 부정은 '不'와 '了'가 결합되어 '沒有'의 형태로 된다고 했는데 변화의 경우는 그대로 '不'와 '了'가 결합되겠지요. 이때 '~하지 않게 되었다'라는 해석이 어색합니다. 그래서 최초로 부탁드립니다. 영어 숙어 외우듯 한 가지만 외워주세요. 앞으로 이런 부탁은 총 5번으로 마무리 하겠습니다.
'不 + 동사 + 了'는 '이제 ~ 않기로 했다'라고 번역하시면 아무런 문제가 없을 것입니다.

我 学 了 三 年。
Wǒ xué le sān nián.
나는 3년을 배웠다. (그만뒀다)

我 学 了 三 年 了。
Wǒ xué le sān nián le.
나는 3년을 배웠다. (계속한다)

我 吃 了 三 个。
Wǒ chī le sān ge.
나는 3개를 먹었다. (이제 그만)

我 吃 了 三 个 了。
Wǒ chī le sān ge le.
나는 3개째먹었다. (계속먹는중)

이상하네요. 어떻게 이미 완료를 나타내는 '了'가 왔는데 다시 뒤에 또 '了'가 왔을까요? 두 번이나 왔다는 건 결코 동일인이 아니라는 말이니 동사 뒤에 붙은 '了'는 완료를 나타내는 '了', 마지막에 붙은 '了'는 변화를 나타내는 '了'가 되겠죠.

그래서 나는 3년을 배웠다. (지금은 배우지 않는다.) 라는 말과 나는 3년을 배웠다.(3년째 배웠고 계속 배우고 있다.)의 차이가 됩니다.

상당히 고난이도의 문장인데 시험 문제 등에서 단골로 등장하는 놈이라 한번 설명해 봤습니다. 메모리부족 램프가 반짝이시는 분들은 그냥 넘어가세요.

이제까지의 내용이 이해가 되었으면 다음의 말들을 머릿속에서 만들고
소리내어보세요.

너 예뻐졌구나.
이제 여름이 되었다.
지금 몇 시나 되었나요?
6시가 되었네요.
공원 안에 사람이 많아졌다.
나 돈이 생겼다.
옛날에 그는 건달이었는데 지금은 경찰이 되었다.
예전에 나는 맥주를 마셨는데 지금은 소주를 마시게 되었다.
나는 커피를 마시지 않기로 했다.
나는 담배를 피지 않기로 했다.
나는 책 세 권을 샀다.
나는 이제 책 세 권째 샀다. (더 살 것이다.)

■ 악기

중국의 전통악기는 상당부 분 개량이 되어 우리나라 국악 기처럼 그 원형을 그대로 유지 한 것은 드문데요. 중국을 대 표하는 전통악기로 가장 가치 를 높게 치는 것은 구친(古琴) 으로 이 칠현금은 금학(琴學)

이라는 이름을 사용할 정도로 독자적인 지위를 가지고 있는 전통악기 입니다.

그 다음으로 특성상 그 원형을 유지하고 있는 악기는 디즈(笛子)로 우리나라의 금(笒)과 같은 악기이며 현대의 가장 인기 있는 개량 전통 악기로는 얼후(二胡), 피파(琵琶), 구쩡(古箏)이 있고, 위에친(月琴) 과 루완(阮), 싼시옌(三弦), 리우친(柳琴) 양친(洋琴)의 탄현악기와 각 종타악기가 있습니다.

"了"의 관용구와 감탄문

• 본 과의 목표 : '了'와 관련된 관용구 외우기와 사대어형의 완성

이 과는 전과에서 말했듯 매도 먼저 맞는 놈이 낫다고 외우고 넘어가야 할 부분을 집고 넘어
갑시다. 중국어에도 영어의 숙어와 같은 것들은 존재하는데 '了'와 관련된 것을 모아뒀으니
숙어 외우듯 외워주세요. 이해하려고 생각하는 사람은 약도 없습니다. '了'의 용법을 두 가지
로만 끝내는 게 좋겠습니까? 26가지 용법을 배우시고 회화를 하시렵니까?

● **가까운 미래**

就 jiù, 快 kuài, 要 yào – 了 le

他 快 来 了。
Tā kuài lái le.
그는 곧 올 것이다.

就 回 来 了。
Jiù huí lái le.
곧 돌아올 것이다.

● **변화, 놀람**

都 dōu – 了 le

孩 子 都 大 了。
Hái zi dōu dà le.
애가 다 컸네.

都 八 点 了。
Dōu bā diǎn le.
벌써 8시네.

🔵 **감탄**

太 tài — 了 le

太 好 了。
Tài hǎo le.
너무 좋아요.

太 贵 了。
Tài guì le.
너무 비싸요.

모든 언어의 기본이 되는 사대어형을 평서문, 의문문, 명령문, 감탄문의 4가지라고 했습니다. 감탄문만은 아직 설명하지 않았는데 중국어에는 따로 감탄문이라는 것이 없습니다. 그저 어감이나 감탄사 등을 포함하여 표현하시면 됩니다.
그런데 감탄문에서 다음과 같은 형태의 관용구가 자주 사용되니 익혀두면 좋겠죠. 이제 사대어형은 완성~!!!!

🔵 **감탄문에 사용되는 어휘**

这么(這麼) zhè me 이렇게

那么(那麼) nà me 그렇게

怎么这么(怎麽這麽) zěn me zhè me 어찌 이리

怎么那么(怎麽那麽) zěn me nà me 어찌 그리

多么(多麽) duō me 얼마나

多 duō 얼마나

이때 多의 경우는 일부러 제 2성처럼 읽는 사람이 많답니다.

이제까지의 내용이 이해가 되었으면 다음의 말들을 머릿속에서 만들고
소리내어보세요.

곧 비가 올 것이다.
벌써 12시가 되었다.
너무 싸다.
이렇게 쌀수가.
그렇게 싸다니.
어찌 이리 싼지.
어떻게 그렇게나 쌀수가.
얼마나 싼지.

■ 영화

그 어떤 언어든 영화가 회화공부에 도움이 되다는 것은 의심할 분이 없겠죠?

우리는 과거 한중수교가 되기 전에 대부분 홍콩영화를 접했습니다만, 그들 영화의 대부분은 광동지역의 방언인 광동어로 제작된 영화였고 이를 해외수출용으로 성우들이 더빙을 한 표준어판 영화를 접했지만 지금은 대부분 원판대로의 수입이 이루어져 중국어가 아닌 광동어를 듣게 됩니다. 한중수교이후 많은 대륙의 영화가 수입되어

지금은 그 갈증을 풀어주고 있는데 영화를 이용하여 공부하다보면 배경음악의 방해나 실제회화보다 더 빠른 스피드 혹은 방언적 요소에 곤란할 때가 많습니다. 그래서 오히려 과거 성우들이 더빙을 한 홍콩의 영화가 더 좋은 효과를 가지기도 하지요. 그에 반해 드라마는 최상의 회화교재라 할 정도로 멋진 조교역할을 합니다. 물론 처음 한국어를 배우는 외국인이 드라마《성웅 이순신》을 이용하여 한국어를 배우진 않겠죠. 그래서 초반에는 가급적 시대극이나 무협물을 피하는 것이 좋겠습니다. 그리고 같은 예로 한국어를 배우는 외국인이 한국영화《친구》를 이용하여 한국어를 공부한다면 뭐라고 하시겠습니까? 그래서 가급적 깔끔한 언어를 구사하는 평이한 소재의 영화가 좋을 듯하니 선배들의 조언에 귀기울여 영화를 이용한 살아있는 회화공부에 도전해보세요.

25강

과거 경험

• **본 과의 목표** : 경험형문장이해하기

- **过**(過) guò …한 적이 있다(과거경험)

- **曾经**(曾經) céng jīng 한때 …한 적이 있다

- **菜** cài 요리, 음식, 채소

- **香港** Xiāng gǎng 홍콩

- **长城**(長城) Cháng chéng 만리장성

- **公安** gōng ān 공안(중국 경찰)

일반적으로 과거라고 부르는 완료형과 경험형은 다릅니다. 그는 중국에 갔다는 완료형이겠지만 그는 중국에 간 적이 있다가 경험형이 됩니다. 이와 같은 형태는 동사 뒤에 '过'만 쓰면 완성입니다.

이때 '了'를 또 쓰면 어떨까요? 라고 하는 사람이 있는데 쓰고 안 쓰고는 화자마음입니다. 부정형은 경험도 과거는 과거이니 완료형의 부정과 마찬가지로 동사 앞에 '沒有'가 들어가면 됩니다. 이때 '过'는 계속 자리를 지키고 있어야 경험의 부정이라는 것을 알 수 있겠죠.

我 看过 中 国 电 影。
Wǒ kàn guò Zhōng guó diàn yǐng.

나는 중국영화를 본적이 있다.

我 吃过 中 国 菜。
Wǒ chī guò Zhōng guó cài.

나는 중국요리를 먹은 적이 있다.

他 没 有 学 过 汉 语。
Tā méi yǒu xué guò Hàn yǔ.

그는 중국어를 배운 적이 없다.

我 们 没 有 去 过 香 港。
Wǒmen méi yǒu qù guò Xiāng gǎng.

우리는 홍콩에 가 본적이 없다.

我 曾 (经) 去 过 长 城。
Wǒ céng (jīng) qù guò Cháng chéng.

나는 만리장성에 간적이 있다.

他 曾 (经) 是 个 公 安。
Tā céng (jīng) shì ge gōng ān

그는 한때 경찰이었었다.

동사가 아닌 술어가 온 문장에서 경험형을 표시하려면 힘들겠죠. 그래서 시제마다 그 시제를 나타낼 수 있는 부사를 같이 외워주면 좋습니다. 잊지 마세요. 曾经 줄여서 曾만 써도 됩니다.

이제까지의 내용이 이해가 되었으면 다음의 말들을 머릿속에서 만들고 소리내어보세요.

나는 그를 만난 적이 있다.
나는 중국 차를 마셔본 적이 있다.
나는 중국영화를 본 적이 없다.
나는 베이징에서 일한 적이 있다.
나는 한때 문제아였다.

■ 홍콩(Hong Kong, 香港)

　　홍콩은 현재 중화인민공화국의 영토입니다. 그러나 과거 오랜 세월을 영국의 조차지로 지내왔고 1997년 본토반환 후에도 중국은 특별행정구역이란 명칭으로 홍콩 현 체제의 향후 50년간 변동 없는 유지를 약속했습니다. 반환시기에 즈음하여 표준어 열풍이 불기도 했지만 홍콩현지의 공용어는 광동어였고 정치적 문제, 행정적 문제들로 반대륙 시위들이 이어지며 내지인들에 대한 반감도 늘어나고 있는 상황입니다. 미래는 아무도 예측할 수 없는 것이지만 홍콩은 같은 중국이라 할지라도 사용언어가 다르고 간체자가 아닌 번체자를 쓰며 내지인들과의 불융합을 여실히 드러내고 있는지라 같은 중국이라도 다른 시선으로 볼 줄 알아야 하는 특수지역이라 하겠습니다.

진행형

• 본 과의 목표 : 현재진행형 문장 만들기

- **在** zài …하고 있다

- **正** zhèng …하고 있다

- **正在** zhèngzài (마침)…하고 있다

- **呢** ne 진행을 나타내는 문말 어기사

한국어로 진행형태가 '…하고 있다'라고 끝에 '있다'라는 말을 썼죠. 중국어도 마찬가지로 '있다, 존재하다, 계시다'의 '在'를 동사 앞에 쓰면 진행형은 완성입니다. (이렇게 간단할 수가…) 내용상 강조라든지 어감을 강하게 하려고 앞에 '正'을 붙이거나 '正'만 오는 경우도 있습니다. 진행형 문장의 끝에는 어기조사 '呢'를 붙여주면 문장이 훨씬 예뻐지지요. 회화에서는 전후 대화 내용에 의해 '呢'만으로도 진행형을 나타내기도 합니다.

我 在 吃 饭 (呢)。
Wǒ zài chī fàn (ne).
나는 밥을 먹고 있다.

我 正 在 吃 饭 (呢)。
Wǒ zhèng zài chī fàn (ne).

我 正 吃 饭 (呢)。
Wǒ zhèng chī fàn (ne).

我 吃 饭 呢。
Wǒ chī fàn ne.

cf.

我 不 在 看 电 视。
Wǒ bú zài kàn diàn shì.

我 没 在 看 电 视。
Wǒ méi zài kàn diàn shì.

성민쌤 잔소리

많은 사람들이 진행형의 부정을 물어보는데 진행형에 부정이 왜 나옵니까? 진행형의 부정은 그냥 현재 형태로 표현하면 될 것을 언어를 수학처럼 보는 사람들이 부정형태가 뭐냐고 말들이 많습니다. 한사코 표현을 하라면 '~하고있지 않았었다'라는 이상한 표현이 되겠지만 '沒有'를 이용하여 표현하겠죠. '不'를 이용하면 맞는 것 같이 보이기도 하지만 사실은 말장난이 되는 겁니다.

이제까지의 내용이 이해가 되었으면 다음의 말들을 머릿속에서 만들고 소리내어보세요.

나는 중국영화를 보고 있다. (4종)

■ 등려군(邓丽君, 鄧麗君)

덩리쥔은 타이완의 가수로 10대에 데뷔한 이래로 1000여곡이 넘는 노래를 불러 히트시킨 명가수입니다.

타이완뿐만이 아니라 홍콩, 싱가폴, 말레이시아 등지에서도 활약을 하며 범 아시아권

스타로 인기를 얻었고 '테레사텡'이라는 이름으로 일본가요계에도 진출하여 많은 앨범을 발매했습니다.

군인 출신인 아버지의 영향으로 중국에서의 활동을 거부했고 80년대까지 중국 대륙에서는 덩리쥔의 노래가 금지곡이었답니다. 하지만 많은 사람들의 인기를 얻은 그녀의 노래는 중국인들이 가장 사랑하는 가요로 지금은 금지조치가 해제된 상태입니다.

매년 끊임없이 새로이 등장하는 그녀의 컷팅앨범 전집들이 타이완 현지보다 더 한 중국 경내의 인기를 실감하게 합니다.

1995년 타이의 한 호텔에서 기관지천식 발작으로 42세의 나이로 사망했고 그 죽음에 대해서는 이소룡(李小龙, 李小龍) 만큼이나 여러 가지 설들이 나돌고 있습니다.

우리나라에서도 오래전부터 번안곡으로 유명한 '야래향(夜來香)'과 영화와 함께 한국에도 히트를 한 '첨밀밀(甛蜜蜜)', 음으로 양으로 이미 중화권가요의 대표가 된 '월량대표아적심(月亮代表我的心)' 등 그녀의 명곡들은 여전히 남녀노소를 막론하고 애창되고 있습니다.

덩리쥔의 노래 몇 곡정도 익혀두면 중국인들과의 사교에서 크나큰 역할을 할 수 있다는 사실.

27강

미래

· 본 과의 목표 : 미래형 구문 만들기

- 会(會) huì ～的 de …할 것이다
- 将(將) jiāng 장차
- 结婚(結婚) jié hūn 결혼

약속대로 본 책에서 마지막으로 부탁하는 숙어 외우기입니다. 미래형
으로 지정하고 싶은 내용을 괄호 치듯 '会'와 '的'로 표시하면 미래형은
끄~~~을!!!!!
당연히 부정은 '会' 앞에 '不'가 오겠죠.
이때 회화상 '的'를 생략하는 경우도 많습니다.
능원 동사편에서 배웠던 '要' 따위를 의지미래라는 이상한 이름을 붙여
사람 머리를 아프게도 하지만 바보가 아닌 다음에야 의미상 알아볼 수
있는 미래형에 토달 필요는 없겠죠. 참고로 문장 끝에 '的' 하나만으로
도 자신감 있는 단정의 의미가 될 수도 있으니 알아두시면 좋겠습니다.
약간의 미래형과 상통되는 부분이 있어서 말입니다.

성민쌤잔소리!

중국어로 표현할 수 있는 시제를 다 완성했습니다. 영어공부에 찌들어 온 분들이 시제에 집
착함을 많이 볼 수 있는데 비록 배우긴 했지만 중국어에서는 영어처럼 시제에 목숨 걸고 따
지지 않습니다. 편하게 해주세요. 제발, 제발, 제발 부탁합니다.

他 会 来 的。
Tā huì lái de.

그는 올 것이다.

我 不会去 的。
Wǒ bú huì qù de.

나는 가지 않을 것이다.

他 们 将 会 结 婚 的。
Tāmen jiāng huì jié hūn de.

그들은 장차 결혼할 것이다.

我 将 要 去 上 海 的。
Wǒ jiāng yào qù Shàng hǎi de.

나는 나중에 상하이에 갈 것이다.

이제까지의 내용이 이해가 되었으면 다음의 말들을 머릿속에서 만들고 소리내어보세요.

다음 달 그는 베이징에 갈 것이다.
나는 그에게 이야기하지 않을 것이다.
그는 나를 좋아하게 될 것이다.
나는 그와 술 마시지 않을 것이다.

■ 경극(京劇)

중국은 각 지역마다 전통형태의 극이 있는데 월지역에서 성행하던 극을 월극, 쓰촨지역에서 발달한 천극 등 지역마다 조금씩 다른 형태의 전통극이 있으며 베이징지역에서만 볼 수 있는 것이 경극입니다.

경극은 창과 동작, 기예가 포함된 종합무대극으로 과거 경극에서는 여자가 무대에 오를 수가 없었습니다. 그래서 여자의 역할도 남자배우가 맡았으며 그러한 여성역 전문배우를 '단(旦)'이라고 합니다.

젊은 여자를 연기하면 화단(花旦), 나이든 여자를 연기하면 노단(老旦), 액션을 동반한 협녀나 여성 무술인을 연기하는 사람을 무단(武旦) 혹은 도마단(刀马旦)이라고 하며 광대역할을 하는 사람은 축(丑)이라고 합니다.

전설적인 배우로 '매란방(梅兰芳, 梅蘭芳)' 같은 사람은 지금도 국가적 영웅예술인으로 칭송받고 있고 그를 기념하는 행사를 여전히 볼 수 있습니다.

남자배우는 생(生), 이라고 하며 무사나 장군 역할을 맡는 사람을 무생(武生)이라고 부르는데 우리나라의 탈과 같이 가면을 쓰는 것이 아니라 화장으로 얼굴을 그려 넣어서 연기합니다.

얼굴의 색깔과 모양에 따라 캐릭터의 성격이나 인물 등을 대략 짐작할 수가 있는데 예를 들면 붉은 색은 충의지사(관운장), 흰색은 간신배, 그리고 검은색은 강직함과 충성심을 표하며 성격이 급한 사람은 녹색, 사납거나 고집스러움은 파란색, 무공이 강한 사람은 노란색 등의 구분이 되고 화장법에서도 모양에 따라 인물을 알 수가 있는데 예를 들어 눈썹모양이 올챙이 모양이면 희극전담배우인 것을 알 수 있듯이 말입니다.

문화대혁명 기간 경극은 많은 탄압을 받았고 지금은 여성도 배우로 등장하며 중국을 대표하는 오페라로 세계에 그 이름을 알리고 있습니다.

28강

상태진행

- 본 과의 목표 : 상태진행형의 표현법과 응용하기

- 着 zhe …한 상태다(동작의 지속을 나타냄)
- 一边(一邊) yī biān … 一边(一邊) yī biān …하면서 …하다
- 开(開) kāi 열다
- 关(關) guān 닫다
- 锁(鎖) suǒ 잠그다
- 门(門) mén 문
- 窗户(窓戶) chuāng hu 창문
- 放 fàng 놓다
- 笑 xiào 웃다
- 谈(談) tán 이야기하다
- 报(報) bào 신문

상태진행이란 '~되어져있다'라는 표현으로 묘사부분에서 많이 사용되는 것인데 진행이라는 단어가 들어갔다고 이 조차도 시제파트에서 다루어야 한다고 하는 사람들이 많은데 그냥 표현법의 하나로 익혀주세요. 시제와는 별개입니다.

门 开 着 呢。
Mén kāi zhe ne.
문이 열려져있다.

电 视 开 着 呢。
Diàn shì kāi zhe ne.
TV가 켜져 있다.

窗 户 关 着 呢。
Chuāng hu guān zhe ne.
창문이 닫혀 있다.

门 没 有 锁 着 呢。
Mén méi yǒu suǒ zhe ne.
문이 잠겨져있지 않다.

那 边 放 着 一 本 书 呢。
Nà biān fàng zhe yī běn shū ne.

저쪽에 책 한 권이 놓여 있다.

🔵 동시상태진행

상태진행은 그 자체로 장면묘사를 하기보다는 '~하는 상태로 ~하다' 즉, '~하면서 ~하다'는 식의 동시진행을 표현하는 데 더 유용하겠습니다. 아래 문장에서 부사구로 활용되어 웃으며 TV를 시청한다는 식으로 말입니다.

他 笑 着 看 电 视。
Tā xiào zhe kàn diàn shì.

그는 웃으면서 TV를 본다.

他 们 笑 着 谈 话。
Tāmen xiào zhe tán huà.

그들은 웃으면서 이야기한다.

爸 爸 看 着 报 吃 饭。
Bà ba kàn zhe bào chī fàn.

아버지는 신문을 보면서 식사하신다.

爸 爸 一 边 看 报 一 边 吃 饭。

Bà ba yī biān kàn bào yī biān chī fàn.

아버지는 한편으로 신문을 보면서 한편으로 식사를 하신다.

위와 같이 관용어를 이용한 숙어식 표현법도 가능하겠습니다.

이제까지의 내용이 이해가 되었으면 다음의 말들을 머릿속에서 만들고 소리내어보세요.

문이 잠겨져있다.
불이 켜져 있다.
책상 위에 술이 한 병 놓여 있다.
그들은 웃으며 술을 마신다.
그들은 술을 마시며 TV를 본다.
그는 걸으면서 전화를 한다.
그는 빨간 옷을 입고 노래를 한다.
그는 한편으로는 음악을 듣고 한편으로는 공부를 한다.

■ 시(诗)

중국인과의 사교석상에서 중국 시 몇 수 정도는 암송할 줄 알아야 대화가 되고 인정받을 수가 있습니다.

현대한어의 요소는 아니지만 많은 대화 속에서 시구를 인용한다든지 시구를 거론하며 대화가 이루어지는 경우가 다반사입니다. 분위기가 무르익었을 때, 멋진 시 한 수 낭송할 수만 있다면 금상첨화라 하겠습니다.

그 옛날 고시로부터 악부시, 그리고 전성기를 누린 당시, 송사 등 우리가 잘 아는 이백이나 두보의 시 몇 수 정도는 기회를 봐서라도 익혀둡시다.

물론 쉬즈모(徐志摩)와 같은 근대시인의 명시도 포함해서 말입니다. 중국인들이 사람을 대하는 눈빛과 분위기가 그 즉시로 바뀌는 것을 알 수 있을 것입니다.

배워서 남주나.

29강

是~的 강조구문

• 본 과의 목표 : 강조구문의 형태를 이해하고 시제개념을 숙지하기

- **中医** (中醫) zhōngyī 한의, 한의사

- **天津** Tiānjīn 텐진(地名)

- **狗** gǒu 개

- **理** lǐ 아는체하다

- **狗不理** Gǒubùlǐ 텐진 명물 먹거리 만두 이름 '거우부리'

문장 속에서 항상 주연배우는 술어입니다. 그렇다면 만년 조연은 누구일까요? 바로 부사죠. 말 그대로 부록으로 밖에 인식되지 않는 부사를 한번쯤 주연보다 더 두드러지게 어필시키는 방법이 강조법입니다. 다시 말해서 부사가 술어보다 더 강조되는 방법이지요. 그런데 이러한 강조형태는 대부분이 시제가 완료형에서 나타납니다. 그래서 이 또한 완료형시제와 함께 다루어야 한다는 사람이 많습니다.

그 형태는 부사를 강조해야 하니 부사 앞에 '是'로 괄호를 열고 문장 끝에 '的'로 괄호를 닫는데 항상 무시당하는 목적어가 있으면 목적어를 무시하고 그 앞에서 괄호를 닫아도 되고 불쌍한 목적어를 포함해서 괄호를 닫아도 됩니다. 아주 약간의 뉘앙스의 차이는 있지만 사실 같은 문장입니다. (불쌍한 목적어ㅠ.ㅠ)

他 从 北 京 来。
Tā cóng Běi jīng lái.

그는 베이징에서 온다.

他 从 北 京 来 了。
Tā cóng Běi jīng lái le.

그는 베이징에서 왔다.

他 是 从 北 京 来 的。
Tā shì cóng Běi jīng lái de.

그는 "베이징에서" 온 것이다.

我 昨 天 看 电 影 了。
Wǒ zuó tiān kàn diàn yǐng le.

나는 어제 영화를 보았다.

我 是 昨 天 看 电 影 的。
Wǒ shì zuó tiān kàn diàn yǐng de.

나는 "어제" 영화를 본 것이다.

我 是 昨 天 看 的 电 影。
Wǒ shì zuó tiān kàn de diàn yǐng.

나는 "어제" 영화를 본 것이다.

我 在 中 国 学 中 医。
Wǒ zài Zhōng guó xué zhōng yī.

나는 중국에서 한의학을 배운다.

我 在 中 国 学 过 中 医。
Wǒ zài Zhōng guó xué guò zhōng yī.

나는 중국에서 한의학을 배운 적이 있다.

我 是 在 中 国 学 中 医 的。
Wǒ shì zài Zhōng guó xué zhōng yī de.

나는 "중국에서" 한의학을 공부한 것이다.

我 是 在 中 国 学 的 中 医。
Wǒ shì zài Zhōng guó xué de zhōng yī.

나는 "중국에서" 한의학을 공부한 것이다.

我 们 在 天 津 吃 过 狗 不 理 包 子。
Wǒmen zài Tiān jīn chī guò Gǒu bù lǐ bāo zi.

우리는 톈진에서 거우부리만두를 먹은 적이 있다.

我 们 是 在 天 津 吃 过 狗 不 理 包 子 的。
Wǒmen shì zài Tiān jīn chī guò Gǒu bù lǐ bāo zi de.

우리는 "톈진에서" 거우부리만두를 먹었던 것이다.

이상의 강조용법을 평서문으로 고치면 대부분이 과거, 즉, 완료형이 되니 유의하세요.

이제까지의 내용이 이해가 되었으면 다음의 말들을 머릿속에서 만들고 소리내어보세요.

이것은 백화점에서 산 것이다.
나는 어젯밤에 술을 마셨다.
우리는 명동에서 영화를 보았다.
나는 베이징에서 얼후를 산 적이 있다.

쉬어가요

■ 역사

삼황오제		三皇五帝	
요, 순		堯, 舜	
하		夏	
상		商	
주	서주	周	西周
	동주(춘추/전국)		東周
진		秦	
한	서한	漢	西漢
	신		新
	동한		東漢
삼국	위	三國	魏
	촉		蜀
	오		吳
진	서진	晋	西晉
	오호십육국		五胡十六國
	동진		東晋
	남북조		南北朝
수		隋	
당		唐	
	오대십국		五代十國
송	북송	宋	北宋
	남송		南宋
원		元	
명		明	
청		淸	
중화민국		中華民國	
중화인민공화국		中華人民共和國	

어떤 한 나라를 이해하는데 언어를 제외
한 가장 기본은 역사와 문화입니다. 중국의
역사를 모르고 중국인과 많은 부분을 공유하
기는 힘들겠지요. 전문가처럼 역사를 꿰뚫고
있을 필요는 없지만 적어도 왕조변화의 순서
를 기본으로 대략적인 지식은 가지고 있는
것이 좋겠습니다.

30강

주술 도치구문

• 본 과의 목표 : 도치구문이 나타나는 경우의 상황을 이해하고 발생
시와 완료시의 차이에 대해 인지하기

- 下雨 xiàyǔ 비 오다

- 下雪 xiàxuě 눈 오다

- 刮风(颱風) guāfēng 바람 불다

- 打雷 dǎléi 번개 치다

- 停 tíng 멈추다

- 住 zhù 멈추다, 거주하다, 살다

- 日本 Rìběn 일본

- 发生(發生) fāshēng 발생하다

- 地震 dìzhèn 지진

- 条(條) tiáo (量) 길, 강 따위의 긴 것을 세는 양사

- 彩虹 cǎihóng 무지개

- 突然 tūrán 갑자기

간단히 결론부터 이야기하자면 중국어에서 모든 자연현상의 발생은 주어와 술어의 위치가 뒤바뀝니다. 즉, '비가 온다'가 아니라 '내린다 비가'. '바람이 분다'가 아니라 '분다 바람' 이처럼 말입니다. 이는 언어습관에서 기인한 것으로 인지순서에 따른 습관인데 미지의 알 수 없는 상태가 발생하면 그 주체나 원리를 인식하기 전에 현상을 먼저 본다는 것입니다. (말이 어렵죠? 말해 놓고 나니 내가 생각해도 어렵네)

그래서 갑작스런 상황의 발생이나 놀람을 표현할 때도 즐겨 씁니다.

● **자연현상의 발생**

要 下 雨 了。
Yào xià yǔ le.
곧 비 올 것이다.

外 边 刮 大 风。
Wài biān guā dà fēng.
바깥에 바람이 많이 분다.

발생은 현상을 인지하느라 몰랐겠지만 이제 그에 대한 이해가 되었으니 상태가 종료되는 시점에서는 다시 원래대로 주어가 앞에 오고 동사가 뒤에 오는 형태가 되어야 됩니다.

🔵 상태 종료시

雨　住　了。
Yǔ zhù le.
비가 그쳤다.

雨　停　了。
Yǔ tíng le.
비가 그쳤다.

风　停　了。
Fēng tíng le.
바람이 멎었다.

风　息　了。
Fēng xī le.
바람이 멎었다.

🔵 모든 자연현상의 발생 인지시

在　日　本　发　生　了　大　地　震。
Zài　Rì běn fā shēng le dà dì zhèn.
일본에 큰 지진이 발생했다.

天　上　出　了一条　彩　虹。

Tiān shàng chū le yī tiáo cǎi hóng.

하늘에 한 갈래 무지개가 떴다.

갑작스런 상태의 출현으로 놀람을 표시할 때

突　然　进　来　了一　个　男　人。

Tū rán jìn lái le yī ge nán rén.

갑자기 한 남자가 들어왔다.

성만샘잔소리!

이 과의 내용을 예외 아닌 예외라고 하여 복잡한 설명을 했지만 사실 가장 편한 방법은 '비가 온다', '눈이 온다', '바람이 분다' 따위의 단어를 한 단어처럼 숙지해 두시면 이런 골치 아픈 글들을 읽을 필요도 없어집니다. 이러한 경우는 광범위하게 사용되어 '무지개가 떴다', '사람 잡네', '귀신이야'로부터 '강도다', '전염병이 돈다', '산적이 나타났다'에 이르기까지 그 예가 상당히 많습니다만 모두 나올 때마다 새 단어처럼 익히시면 문제가 없겠죠.
자연현상의 발생도 발생이지만 '앗 깜짝이야'라는 식의 표현을 할 때 자주 사용되기도 합니다. (예외 아닙니다.)

이제까지의 내용이 이해가 되었으면 다음의 말들을 머릿속에서 만들고
소리내어보세요.

밖에 눈이 온다.
거기 귀신 나온다.
어! 비가 오네.
갑자기 한바탕 큰 비가 내렸다.
도처에 가뭄이 들었다.
남부지방에 수재가 났다.
또 한사람이 죽었다.

■ **오락문화–마작**

　중국의 대표적인 실내오락인 마작(麻雀)은 원명칭이 마장(麻將)으로 홍콩등지에서는 마작이라고 불리던 것이 일본을 거쳐 한국으로 들어오며 마작이라는 명칭으로 자리 잡은 것입니다.

　과거에는 황실의 오락이었는데 질 나쁜 도박이라는 이미지를 우리에게는 많이 주어 상당히 터부시되는 오락이지만 중국인에게는 최상의 실내오락으로 인정받고 있습니다.

　마장패를 섞을 때 달그락거리는 소리가 마치 수 십 마리의 참새가 우는 소리와 같다고 하여 붙여진 별명이 마작(중국어로 참새)이기도 합니다.

　4사람이 동남서북으로 앉아 벌이는 게임으로 각 지역별로 게임방식은 많은 차이를 보이는데 서양의 체스의 권위에 도전하고자 중국은 이를 국제 경기화 하였고 국제경기의 룰이 정해져 공표된 바도 있습니다.

31강

수량보어

- **下** xià 차례, 번

- **次** cì 번

- **遍** biàn 번

- **回** huí 번

> 한 번, 두 번의 번에 해당하는 횟수를 나타내는 단어인데 상황에 따라 상용되는 것이 차이가 많이 납니다만, 그 내용에 너무 신경 쓰지 마시고 습관이 들기까지는 먼저 생각나는 단어로 이야기 하시다 보면 점차 알맞은 단어를 찾아 쓰게 될 것입니다.

- **一点儿**(一點兒) yìdiǎnr 약간, 조금

- **一些** yìxiē 약간, 조금

- **快** kuài 빠르다

- **慢** màn 느리다

- **等** děng 기다리다

1. 마지막 어법요소인 보어차례가 왔습니다. 제일 먼저 파악해야 할 것은 역시 위치지요. 보어의 위치는 술어 바로 '등 뒤에 업혀 있다' 라고 함이 좋겠습니다. 그런 다음 알아야 할 것은 보어의 정의인데 요. 부사와 혼동되기 쉬운 것입니다. 가장 간단히 설명하자면 부사란 문장 전체의 부록이요, 보어는 술어만의 부록이자 조수입니다. 그래도 부사와 보어는 영원히 헷갈리는 관계이기 때문에 우리가 술어를 배울 때 종류별로 하나씩 익혀왔듯 보어도 종류별로 익히는 방법이 좋을 듯합니다.

   실제 보어는 14~17개 정도가 등장하는데 이것을 일일이 다 어법적으로 나누어 익히다가는 결코 회화가 쉽게 되지 않습니다. 그래서 4가지로 줄이고 그 나머지는 여태껏 해왔던 구조학을 종결하는 순간에 절로 알 수 있게 만들었습니다.

2. 맨 처음 등장하는 보어는 수량보어입니다. 그 명칭을 기억해두시면 좋겠네요. 간단히 말해서 수나 양을 나타내는 말은 보어다. 그래서 어쩌라구요? 보어자리에 위치시키라는 겁니다.

   '한번 본다'라고 하면 많은 사람들이 작문을 '一次看'이라고 하는데 수량은 부사가 아닌 보어이므로 '看一次'가 맞죠. 전혀 어려울 게 없습니다.

我 看 了 三 遍。
Wǒ kàn le sān biàn.
나는 세 번 보았다.

我 买 两 个。
Wǒ mǎi liǎng ge.
나는 두 개를 샀다.

我 去 过 两 次 长 城。
Wǒ qù guò liǎng cì Cháng chéng.
나는 만리장성에 두 번 가본 적이 있다.

我 见 过 他 两 次。
Wǒ jiàn guò tā liǎng cì.
나는 그를 두 번 만난 적이 있다.

참 특이한데 중국어는 습관상 위와 같이 일반명사와 인칭대명사의 경우 위치가 다르게 등장합니다. 왜 그럴까요? 아무도 답은 못하지만 그렇다고 하니 우린 그대로 할 수 밖에요.
아마도 사람을 우선시하는 전통사상에서 기인한 것일지도…
치사하게 시험문제에 자주 등장하니 잘 봐두시기 바랍니다.

他 写 了 一 回。
Tā xiě le yī huí.
그는 한번 썼다.

我 看 一 下。
Wǒ kàn yī xià.
내가 한번 보자.

③ 수량보어의 경우 한번이라는 말에 유의해야 합니다. 우리나라 말과 똑같은데요. 한번 이라는 횟수는 다른 뜻으로도 사용되지요. '한번 먹어봐', '한번 읽어볼래?', '한번 해봐', '뽀뽀나 한번 할까?' 이상의 말들에서 한번이라는 횟수는 결코 그 의미를 가지지는 않지요. 즉 청유형, 권유, 명령의 뜻을 가지는 것입니다. 그래서 중국어의 명령문 만들기에 한 가지 요소가 추가될 수가 있겠네요. 바로 한국어처럼 "한 번"을 쓰는 겁니다.

물론 이때도 명령문 부분에서 배운 '请'이나 '吧'를 함께 써도 좋겠죠.

你 坐 一 下!
Nǐ zuò yī xià!
당신 앉으시지요!

你 念 一 遍!
Nǐ niàn yī biàn!
네가 한번 읽어봐!

请 说 慢 一 点儿!
Qǐng shuō màn yī diǎnr!
좀 천천히 말해주세요!

说 慢 一 些!
Shuō màn yī xiē!
좀 천천히 말해주세요!

等 一 下!
Děng yī xià!
잠깐만!

快 一 点儿!
Kuài yī diǎnr!
좀 빨리!

그럼 이건 또 뭔가요? '一点儿'이 '약간, 조금'의 의미이니 마찬가지로 '좀 ~하세요'가 되겠죠. 그럼 이러한 문장들이 명령어로 사용되었는지 평서문으로 사용되었는지 어떻게 구분을 합니까? 제가 제일 싫어하는 말이지만 읽어보면 압니다. 우리가 배우는 것은 수학이 아닌 인간간의 의사소통을 위한 언어라는 것을 잊지 말아주세요.

이제까지의 내용이 이해가 되었으면 다음의 말들을 머릿속에서 만들고
소리내어보세요.

내가 두 번 읽었다.
내가 한 번 들어보자.
나는 홍콩에 세 번 가봤다.
한번 들어봐요.
한 입 먹어봐요.
한번 입어 봐요.
좀 예쁘게
좀 빨리요.

■ 사대미녀

　중국 역사 속에는 많은 미녀가 등장합니다. 그러한 미녀들은 그 미모에 대한 칭송은 끊이지 않지만 역사적인 측면에서 볼 때 그 역할은 가히 공포스러울 정도입니다. 오죽했으면 경국경성, 즉 나라와 성도 무너뜨린 미색이라고 표현했을까요. 모든 왕조의 멸망에 즈음하여서는 미녀들이 등장하여 왕조의 종지부를 찍는데 크게 한몫을 합니다.

　그러나 역사는 역사고 오로지 관심은 그 미색에 있으니 아무리 말희(妹喜), 달기(妲己), 포사(褒似)가 나라를 망하게 했어도 누가 더 미녀였나 하는 논란은 현대에도 계속되고 있습니다.

　사대미녀라 함은 그 중 중국인이 손꼽는 최고의 미녀인데 만년 1위의 자리를 차지하는 사람은 춘추시대 오나라를 멸망하게 했던 서시(西施)입니다. 오죽했으면 '제 눈에 안경'이란 속담을 '연인의 눈 속에는 서시만 보인다'라고 표현할까요. 그리고 상나라를 망하게 한 달기, 주나라를 뒤흔든 포사, 초상화 한 장 때문에 오랑캐땅으로 팔려간 왕소군(王昭

君), 당나라의 최후의 도화선에 불을 붙인 양옥환(杨玉环, 양귀비) 등이 거론되며 전설속의 인물인 불사약을 먹고 달로 간 항아, 실존인물이라하기엔 의심이 되는 후대에 만들어진 이야기속의 가상인물로 추정하고 있는 초선(貂蟬) 등이 4대미녀의 자리를 놓고 여전히 쟁탈전을 벌이고 있습니다.

　말하는 사람마다 조금은 다르지만 일반적으로 서시 왕소군 초선 양옥환을 4대 미녀라고 구분하는 사람들이 많습니다. 가공의 인물도 포함되었으니 놀랍네요. 그런데 굳이 꼭 네 사람을 고를 필요가 있나요? 미인이면 다 좋은 거지.

32강

결과보어

• **본 과의 목표** : 결과보어의 내용적 개념을 이해하고 한단어로 보는 습관들이기

- **完** wán 끝나다
- **对**(對) duì 옳다
- **错**(錯) cuò 틀리다
- **懂** dǒng 이해하다
- **到** dào 동작의 성공을 나타내는 결과보어
- **见**(見) jiàn 능력상 성공을 나타내는 결과보어
- **找** zhǎo 찾다
- **可是** kěshì 그러나

누군가 질문을 합니다. '봤냐?' 그래서 대답을 '봤다.'라고 했는데 내용을 물어보면 모른다고 합니다. 무슨 일일까요? 보긴 봤는데 반만 봤다. 다는 안 봤다. 표지만 봤다… 등등 여러 가지 상황이 등장할 수도 있지요. 이 때, 그러한 보충 성분이 결과보어입니다. 결과보어는 한국어로 연결이 되면 중국어로도 모두 가능한데 익힐 때는 한 단어처럼 익혀주시는 것이 도움이 됩니다. 그래서 본다는 '看', 다본다는 '看完', 잘못 본다는 '看错', 보고 이해한다는 '看懂'.

我 看 完 了。
Wǒ kàn wán le.
난 다 봤다.

你 说 错 了。
Nǐ shuō cuò le.
당신 잘못 말했어요.

他 回 答 对。
Tā huí dá duì.
그가 맞게 대답한다.

我 听 懂 了。
Wǒ tīng dǒng le.
난 알아들었어요.

他 没 听 懂。
Tā méi tīng dǒng
그는 못 알아 들었어요.

我 找 了。
Wǒ zhǎo le.
나는 찾았다. (찾아봤다)

我 找 到 了。
Wǒ zhǎo dào le.
나는 찾았다. (찾아냈다)

두 문장의 번역은 한국어로 똑같기 때문에 혼동이 올 수 있습니다. 그러나 사실상 내용은 차이가 나죠. '나는 찾는 동작을 했다'와 '찾는 것을 성공 했다'의 차이입니다. '내가 잃어버린 가방을 한 시간이나 찾아봤다'의 '찾았다'와 '결국 화장실에서 찾아냈다'의 '찾았다'는 다르죠. 번역을 하면 둘 다 찾았다가 되니 헷갈릴 수밖에요. (한국어 엄청 어렵구나…)
그래서 '到'는 결과보어로 어떤 동작에 대한 성공을 나타냅니다.

听 到。
Tīng dào.
들린다. (방해가 없어서)

听 见。
Tīng jiàn.
들린다. (청력이 되서)

看 到。
Kàn dào.
보인다. (방해가 없어서)

看 见。
Kàn jiàn.
보인다. (시력이 돼서)

참으로 설명하기 어려운데 결과보어 '见'은 '오감의 능력이 가닿는다'라는 의미로 사용되는 건데요. 앞에 있는 사람의 머리 때문에 영화가 안 보였는데 그 사람이 나가고 나니 이제 보인다는 방해물이 없어져서 보는 것을 성공한 것이니 '看到', 저 멀리 있는 사물이 눈이 나빠 보이지 않는데 가까이 다가가니 '앗 이제는 보이네'가 '看见'이 됩니다. 마찬가지로 시끄러워서 즉, 방해가 있어서 상대방의 말을 듣지 못하는데 조용해지고 나서 말이 제대로 들리면 '听到', 너무 멀어서 혹은 소리가 작아서 들리지 않다가 큰소리로 고함을 치니 이제는 들린다는 '听见'이 되는 것입니다.

내가 봐서 보인다, 저절로 보인다 등의 해괴망측한 구분에 속지 마세요. 좋은 소식은 결과보어 '见'의 예가 이 두가지 외에는 "착하고 천하절색 미인"처럼 거의 없다는 것입니다.

我 还 没 吃 完 (呢)。
Wǒ hái méi chī wán (ne).
나 아직 다 안 먹었어요.

부사 '아직'이라는 '还'를 쓰고 부정 형태를 써서 '아직은 ~하지 않았다'라는 형태의 말은 마지막에 어기조사 '呢'를 첨가하면 훨씬 더 부드럽고 애교가 있어 보이고 미안해하는 느낌이 들지요. 그런데 많은 사람들이 이를 공식화하여 외워야한다는 사람들도 있습니다. 그만큼 시험에도 자주 나온다는 말이지요.

我 听 了, 可 是 没 有 听 懂。
Wǒ tīng le, kě shì méi yǒu tīng dǒng.

난 듣긴 했는데요, 알아듣지는 못했어요.

这 个 汉 字, 你 写 对 了。
Zhè ge Hàn zì, nǐ xiě duì le.

당신 이 한자를 맞게 적었네요.

他 没 有 写 对, 他 写 错 了。
Tā méi yǒu xiě duì, tā xiě cuò le.

그는 맞게 적지 않았어요. 틀리게 적었네요.

이제까지의 내용이 이해가 되었으면 다음의 말들을 머릿속에서 만들고
소리내어보세요.

나는 다 보았다.
나는 잘못 보았다.
나는 보고 이해했다.
봤다 봤어.
보인다 보여.

■ 방언

중국은 우리나라 남한지역의 백배에 가까운 크기의 땅을 가진 나라입니다. 사투리가 없을 수가 없는데 역사적으로 원래 통일된 한 나라가 아니었었고 다민족 국가에 교통의 불편이 더해 지역별 언어의 차이가 심합니다.

沒，無，?
?
无，冇

어문학자들은 1,100여개의 방언이 있다고 하는데 크게 나누면 4대 방언, 5대 방언, 7대 방언 등 학자마다의 구분이 조금씩은 다릅니다. 비록 방언이라 하더라도 의사소통이 가능하면 되는데 크게 몇 가지 방언들은 서로간의 의사소통이 불가능할 정도로 언어의 차이가 심하게 나는 것도 있습니다.

동북 관화음으로 현재 표준어인 보통화의 모태가 되는 북방어, 홍콩 마카오와 남부 광둥성 일대에서 사용되는 광둥어, 푸지엔지역의 민어, 상하이일대의 상해어, 중국 남부에 산발적으로 흩어져있는 객가들의 객가어는 완전히 다른 언어라고 할 정도로 차이가 납니다. 서로간에 의사소통은 통역자가 있어야만 할 정도이며 심지어는 사용하는 한자도 다르기도 하지요. 이는 해외의 화교들에게까지도 영향을 주는데 미국의 전통 차이나타운의 경우 중국남부 광둥일대에서 이주한 사람들이 그 원류로 광둥어가 성행하고 신흥 차이나타운 일대에서는 남방의 언어들이 사용되는 등 복잡하기가 이루 말할 수가 없습니다.

하지만 걱정하실 건 없습니다. 우리가 배우는 표준어 즉 보통화라고 하는 이 말을 쓰면 최소한의 기본 교육이상을 받은 사람이라면 중화권 어디를 가도 의사소통에는 문제가 없으니까요. 물론 자기네들끼리 쑥덕거리는 이상한 소리를 들으면 기분이 나쁠 수도 있긴 하겠네요.

정도보어

• **본 과의 목표** : 정도보어의 구조를 이해하고 목적어를 처리하는 방법을 익히기. 중국어 문장의 가옥구조를 정립하기

- **得** de 정도보어를 가져오는 구조조사
- **快** kuài 빠르다
- **慢** màn 느리다
- **早** zǎo 이르다
- **晚** wǎn 늦다
- **把** bǎ 빈어전치개사

얼마나 맛이 있느냐, 둘이 먹다 하나 죽어도 모를 정도로 맛이 있다. 얼마나 나를 사랑하느냐, 저 하늘의 별도 달도 따줄 정도로 사랑한다는 식의 정도를 표현하는 보어가 정도보어입니다. 정도보어는 여러 가지 내용이나 형용사들도 자주 등장하는데 이를 무조건 보어자리라고 술어 뒤에만 두면 목적어처럼 보일수가 있습니다. 예를 들어 '그가 빨리 말한다'를 '他说快'고 해버리면 '그는 快를 말한다'로 여겨지는 것입니다. 그래서 이 정도보어는 목적어가 아니라 술어의 등에 업혀있는 '한 몸이나 마찬가지다' 라는 접착제가 필요합니다. 부끄러운 두 개체를 이어주는 마담뚜는 바로 '得'이지요. 그래서 술어와 정도보어 사이에 '得'가 위치하여 두 개체를 연결시켜줍니다.

다음 예문들처럼 말입니다.

他 来 得 很 早。
Tā lái de hěn zǎo.

그는 일찍 왔다.

他 来 得 不 早。
Tā lái de bù zǎo.

그는 일찍 오지 않았다.

他 来 得 很 晚。
Tā lái de hěn wǎn.

그는 늦게 왔다.

중심

주어방	부사방	술어방	사랑방

1 자, 가장 중요한 이야기를 하겠습니다. 중국어라는 한 문장을 한 가옥구조로 보았을 때, 거기에는 방이 4개 반이 있습니다. 순서대로 주어방, 부사방, 술어방, 사랑방, 그리고 제일 앞에 옥탑방이 나머지 반개의 방 역할을 합니다.

주어방에는 당연히 주어가 들어갈 것이요. 부사방에는 부사가 들어가고, 술어방에는 술어가 들어가는데 사랑방에는 별 들어갈 사람이 없어서 문법에서 항상 찬밥신세인 목적어가 임시로 들어가지요.

그런데, 등에 업고 있는 보어 즉, 자식이 크고 장성하여 자기 방을 달라고 하면 사랑방손님은 쫓겨날 수밖에 없습니다.

즉, 정도보어의 구조는 보어를 수량보어나 결과보어처럼 한 단어로 보기가 어려우니 사랑방을 이들이 차지하게 되고 목적어는 올 자리가 없어집니다.

2 그래서 정도보어 파트에서는 정도보어를 이해하는 것도 중요하지만 정도보어가 오면 목적어를 어떻게 처리할 것인가 하는 것이 핵심 관건이 됩니다. 그 해결방안으로는 다음과 같은 다섯 가지 방법이 있습니다.

① 들어갈 방이 없을 때 해결하는 가장 좋은 방법은 집을 두 채 지으면 되죠. (부동산만큼 좋은게 또 어딨다고)

집을 두 채를 지으려면 핵심기둥이 두 개 있어야 되는데 항상 문장의 중심은 술어입니다. 그래서 동사를 반복하는 것이지요. 다음과 같이 말입니다.

他 写 汉 字 写 得 很 快。
Tā xiě Hàn zì xiě de hěn kuài.
그는 한자를 빨리 쓴다.

② ①번과 같은 형태가 가장 무난하고 좋은 방법이지만 같은 글자가 즉, 동사가 두 번이나 반복된 것이 싫다고 하는 사람들도 있습니다. 그래서 만든 법칙이 반복되는 두 번의 동사 중 앞 동사를 무조건 '的'로 바꿔도 된다는 법칙이 등장했지요. 다음과 같이 말입니다.

他 的 汉 字 写 得 很 快。
Tā de Hàn zì xiě de hěn kuài.

③ 회화에서 가장 무난히 쓸 수 있는 방법으로 골칫거리인 목적어를 옥탑방에 임시 거주시키는 방법입니다. 한국어의 '밥 말이야, 난 먹었어.' 처럼 주문장 앞에 위치시키는 방법입니다. 그 뒤에 , 가 있다고 생각하시면 쉽겠죠.

汉 字 他 写 得 很 快。
Hàn zì tā xiě de hěn kuài.

④ 4개의 방 중에서 가장 넓은 방은 어디일까요? 정답은 부사방입니다. 부사는 한 개가 와도 열 개가 와도 되니까 방이 클 수밖에 없죠. 목적어를 억지로 부사방에다 밀어 넣는 방식입니다. 어찌보면 그다지 좋은 방법은 아니지만 북방식 문법가들은 선호하는 방법입니다.

他 汉 字 写 得 很 快。
Tā Hàn zì xiě de hěn kuài.

⑤ ④번의 방식에서 발달을 한 것인데 목적어를 부사방에 억지로 집어넣는다고 해서 그것이 목적어로 쉽게 보일까요? 그래서 임시로 잠시 부사방에서 자고 가는 목적어라는 나그네에게 임시통행증 내지는 이름표를 앞에 달아주면 가장 깔끔한 방법이 됩니다. 그 이름표가 바로 '把'지요. 이렇게 '把'가 개사역할을 해서 빈어전치개사 (목적어를 앞에다 위치시키게 하는 전치사)라는 명칭으로 사용됩니다.

他 把 汉 字 写 得 很 快。
Tā bǎ Hàn zì xiě de hěn kuài.

이상의 다섯 가지 방법을 알아만 두시고 본인이 즐겨 사용하는 방법을 찾으면 되겠죠. 중국어 구조학 과정 전체에서 최고로 어려운 부분을 넘겼습니다. 이제 뭐가 겁나리…

이제까지의 내용이 이해가 되었으면 다음의 말들을 머릿속에서 만들고 소리내어보세요.

그는 빨리 먹는다.
그는 빨리 먹지 않는다.
그는 매우 느리게 먹는다.
그는 술을 많이 마신다. (5종)

■ 무술(武术 WUSHU)

지금도 서양 사람들에게 중국이라고 하면 가장 먼저 연상되는 것이 쿵푸라고 하는데 그만큼 중국은 무술로 세계적 명성을 갖습니다.

중국의 무술은 크게 지역별로 북파무술과 남파무술로 나누거나 형태에 따라 외가권과 내가권으로 구분하는데 동작이 크고 강직한 무술의 원조라 불리는 소림권, 내가권의 대표로 장삼봉이 창시했다는 태극권, 명장 악비의 집안에서 전래되었다는 악가무술인 형의권, 산동의 명인 동해천이 창시했다는 내가 명권인 팔괘장, 왕랑이 만들어 산동지역으로 전파되었다는 당랑권, 그 외에도 영춘권, 팔극권 등 이루 말할 수 없는 많은 종류의 파별 무술이 있습니다.

국제경기에서 무술을 스포츠화하여 경기투로라는 형을 만들어 세계 각국에 중화무술을 보급하려는 노력도 하고 있지요.

34강

가능보어

· **본 과의 목표** : 가능보어의 정의를 이해하고 하나의 독립된 어휘로
보는 습관 기르기

이번 과는 왜 새 단어가 없을까요? 가능보어 자체가 모두 새 단어이기 때문입니다. 능원 동사편에서 배운 '能'을 생각해봅시다.

'~할 수 있다'와 '~할 수 없다'라는 문장에서 '먹을 수 없다'라고 대답했을 때 '왜?'라고 하면 이유를 설명해야죠. 그런데 그 이유를 포함시켜 미리 말하는 방법이 가능보어입니다. 그 의미는 '能'과 똑같지만 부정의 경우 '~할래야 할 수 없다'라는 식으로 강하게 번역하면 되겠습니다.

그렇다면 포인트는 뒤에 붙은 보어에 따라 그 이유를 판단하는 것이 관건이 되겠네요.

<能 吃>
néng chī
먹을 수 있다

<不 能 吃>
bù néng chī
먹을 수 없다

吃 得 了
chī de liǎo
능력이 되어서

吃 不 了
chī bu liǎo
양이 많거나, 능력이 안 되어서

吃 得 下
chī de xià
아직 더 먹을 수 있어서

吃 不 下
chī bu xià
배가 불러서

吃 得 起
chī de qǐ
가격이 적당해서

吃 不 起
chī bu qǐ
비싸서, 돈이 없어서

吃 得 着
chī de zháo
있어서

吃 不 着
chī bu zháo
없어서

吃 得 来
chī de lái
입맛에 맞아서

吃 不 来
chī bu lái
입맛에 맞지 않아서

吃 得 饱
chī de bǎo
양이 많이 배불리 먹을 수 있다.

吃 不 饱
chī bu bǎo
적어서 성에 차지 않는다

吃 得 到
chī de dào
성공할 수 있다

吃 不 到
chī bu dào
성공이 어렵다

买 得 起
mǎi de qǐ
가격이 적당해서, 돈이 있어서

买 不 起
mǎi bu qǐ
비싸서, 돈이 없어서

用 得 起
yòng de qǐ
가격이 적당해서, 돈이 있어서

用 不 起
yòng bu qǐ
비싸서, 돈이 없어서

이상의 예들을 보았을 때 일정한 패턴을 알 수가 있습니다. 즉, 뒤에 붙은 보어글자에 따라서 그 이유가 어느 정도 짐작이 되지요. 그래서 잔머리를 굴리고 새로 나온 어휘로 보지 않고 대강 읽어 내려가다가는 큰코 다치는 수가 있습니다. 다음과 같은 예도 있기에.

看 得 起
kàn de qǐ
인정해주다

看 不 起
kàn bu qǐ
깔보다, 무시하다

전혀 가격이나 금전적인 능력과는 상관이 없는 내용이지요. 아주 어려운 예로는 다음과 같은 것도 있습니다.

对 得 起
duì de qǐ
떳떳하다

对 不 起
duì bu qǐ
부끄럽다 미안하다

역시 마찬가지로 경제적 능력과 상관이 없는 문장으로 나는 너에게 잘못한 바가 없고 떳떳하기에 당당히 너를 마주대할 수 있다라는 복잡한 의미이고 그 부정은 무언가 너에게 잘못한 바가 있거나 부끄럽고 계면쩍어 차마 얼굴을 마주 대할래야 대할 수 없다는 말입니다. 이 어려운 말을 여러분은 이미 초급에서부터 알고 있었죠. '죄송합니다'라고. 왜 그럴까요? 바로 가능보어는 그 모두를 새로 나온 어휘로 인식해야 되는 이유가 거기에 있습니다. 너무 부담을 줬나요? 그래도 기분 좋은 소식은 이런 특이한 경우의 예가 이외에는 찾아보기 힘들다는 낭보!!

가능보어의 예들

找 得 着
zhǎo de zháo
찾아낼 수 있다

找 不 着
zhǎo bu zháo
찾을래야 찾을 수 없다

拿 得 动
ná de dòng
들 수 있다

拿 不 动
ná bu dòng
들래야 들 수 없다

走 得 动
zǒu de dòng
꼼짝할 수 있다

走 不 动
zǒu bu dòng
꼼짝 할래야 할 수 없다

想 得 到
xiǎng de dào
생각이 든다

想 不 到
xiǎng bu dào
생각해 낼래야 낼 수 없다

做 得 到
zuò de dào
해낼 수 있다

做 不 到
zuò bu dào
할래야 할 수 없다

看 得 见
kàn de jiàn
보인다

看 不 见
kàn bu jiàn
볼래야 보이지 않는다

听 得 见
tīng de jiàn
들린다

听 不 见
tīng bu jiàn
들을래야 들리지 않는다

赶 得 上
gǎn de shàng
쫓아 잡을 수 있다

赶 不 上
gǎn bu shàng
쫓아 잡을래야 잡을 수 없다

比 得 上
bǐ de shàng
비할 수 있다

比 不 上
bǐ bu shàng
비할래야 비할 수 없다

坐 得 下
zuò de xià
앉을 수 있다

坐 不 下
zuò bu xià
앉을래야 앉을 수 없다

回 得 来
huí de lái
돌아올 수 있다

回 不 来
huí bu lái
돌아올래야 돌아올 수 없다

拿 得 去
ná de qù
가져갈 수 있다

拿 不 去
ná bu qù
가려갈래야 가져갈 수 없다

来 得 及
laí de jí
제 시간에 맞출 수 있다

来 不 及
laí bu jí
이미 늦었다

想 得 起 来
xiǎng de qǐ laí
생각해 낼 수 있다

想 不 起 来
xiǎng bu qǐ laí
생각해 낼래야 낼 수 없다

站 得 起 来
zhàn de qǐ laí
일어날 수 있다

站 不 起 来
zhàn bu qǐ laí
일어날래야 일어날 수 없다

搬 得 进 来
bān de jìn laí
옮겨들어올 수 있다

搬 不 进 来
bān bu jìn laí
옮겨들어올래야 들어올 수 없다

看 得 出 来
kàn de chū laí
분간할 수 있다

看 不 出 来
kàn bu chū laí
분간해 낼 수가 없다

35강

보어구와 방향보어

- **본 과의 목표** : 소위 방향보어라는 개념을 이해하고 부사구와 보어 구를 구분하는 방법 익히기

- 上 shàng 오르다
- 进(進) jìn 진입하다
- 回 huí 돌아가다
- 来(來) lái 오다

- 下 xià 내리다
- 出 chū 나서다
- 去 qù 가다

- 本子 běnzi 노트
- 黑板 hēibǎn 칠판
- 垃圾 lājī 쓰레기
- 筒 tǒng 통
- 扔 rēng 던지다
- 放 fàng 놓다

- 上去 shàng qù
- 下去 xià qù
- 进去 jìn qù
- 出去 chū qù
- 回去 huí qù

上来 shàng lái
下来 xià lái
进来 jìn lái
出来 chū lái
回来 huí lái

방향보어구 '回家'는 '집으로 돌아간다'일까요? '집으로 돌아온다'일까요? 화자의 위치에 따라서 달라지는 데 정답은 둘 다 아니고 단순히 '귀가하다'라는 뜻입니다. 그렇다면 화자의 위치를 나타낼 수 있는 말, 즉, '돌아가다' 인지, '돌아오다' 인지를 표현하려면 뒤에 '去'와 '来'가 붙어야겠죠. 이때 장소는 그 사이에 와야 합니다. 그 사실만 기억하시면 따로 방향보어라는 용어를 쓰지 않아도 예외가 없습니다. 그래서 본과의 제목을 방향보어라고 하지 않은 겁니다. 그러면 '집으로 돌아간다'라는 한국어에서 진짜 동사는 무엇일까요? '돌아'입니까? '간다'입니까?

그래서 '回家'를 부사구로 보고 '去'를 본동사로 보면 이해가 쉽겠죠. 물론 단순히 그는 '귀가한다'라고 '他回家'라고 하면 '回'가 동사가 됩니다.

他 回 家 去。
Tā huí jiā qù.

그는 집으로 돌아간다.

我 们 上 山 去。
Wǒmen shàng shān qù.

우리는 산으로 올라간다.

他 们 上 山 来。
Tāmen shàng shān lái.

그들은 산으로 올라온다.

他 下 山 去。
Tā xià shān qù.

그는 산을 내려간다.

他 下 山 来。
Tā xià shān lái.

그는 산을 내려온다.

🔵 보어구의 이해

'그는 노트위에 쓴다'라는 말을 작문하라면 '他在本子上写'라고 하는 사람이 많습니다. 부사구와 보어구를 혼동해서 오는 현상입니다. '그는 노트위에서 쓴다'는 말이지요. 노트 위를 맨발로 올라갔는지 신을 신고 올라갔는지는 모르겠지만 분명 그 말을 하려고 한 게 아닐 겁니다.

장소의 경우 부사구와 보어구가 가장 헷갈리는 부분인데요. '에서'의 '서'가 온다면 부사구, '서'가 오지 못하면 즉, '~에다', '~에다가'가 되면 보어구라는 사실 잊지 마세요.

'칠판위에다가 쓴다'겠죠. '칠판위에서 쓴다'는 아닐 겁니다. 물론 스파이더맨이나 배트맨은 제외하고요.

他 写 在 本 子 上。
Tā xiě zài běn zi shàng.

그는 노트위에 쓴다.

老 师 写 在 黑 板 上。
Lǎo shī xiě zài hēi bǎn shàng.

선생님은 칠판위에 쓰신다.

我 扔 到 垃 圾 筒 里。
Wǒ rēng dào lā jī tǒng li.

나는 쓰레기통 안에 버린다.

他 放 在 桌 子 上。
Tā fàng zài zhuō zi shàng.

그는 책상위에 놓는다.

이제까지의 내용이 이해가 되었으면 다음의 말들을 머릿속에서 만들고
소리내어보세요.

그는 귀가 한다.
그는 집으로 돌아간다.
그는 집으로 돌아온다.
그가 식당에 들어간다.
그가 식당에 들어온다.
그가 노트위에 쓴다.
그가 노트위에 이름을 쓴다.
그는 침대위에 던졌다.
그는 침대위에 책을 던졌다.

■ **중국의 종교**

    중국은 법적으로 종교의 자유가 있는 나라입니다. 그러나 우리나라와 같은 종교 열은 보이지 않으며 아무리 자유를 인정해도 외국인이 와서 선교활동을 하는 것은 법으로 금지되어 있습니다.

그래서 외국인이 중국경내에서 선교활동을 하다가 적발되면 예전에는 강제추방을 당했지만 지금은 법적으로 구속되는 상태입니다. 우리가 말하는 일반적인 종교의 교당은 그리 많지 않으며 불교사찰이라 하더라도 한 지역에 하나정도 있을까 말까하며 교회도 마찬가지입니다. 교회의 대부분이 한국인 교회라는 사실도 놀랍죠.

    중국인에게 종교를 물어보면 바로 대답이 나오는 경우는 드물고 대부분의 사람들이 무척이나 고민을 하며 대답을 합니다. 그 대답 중 가장 많이들은 것으로는 "아마 도교가 아닐까요" 라는 말인데 앞에 '아마'라는 말이 붙듯 어떤 하나의 종교에 치우쳐 생각해본 바가 없다는 말입

니다. 일단 조상신이 우선이며 집집마다 조상의 위패를 모시고 아침마다 향을 피우며 일과를 시작하지요. 부처를 좋아하는 사람은 그 조상들의 위패 옆에 불상을 두기도 하고 예수를 성인이라고 생각하는 사람은 십자

가를 두기도 하며 중국인들 누구나 좋아하는 관운장, 악비 등의 화상을 같이 붙여놓고 향을 올립니다. 그래서 종교학자들은 중국의 종교를 만신교라고 하지요. 길거리에 절과 같은 형태의 건물이 많은데 이는 절이 아니라 묘(廟) 라고 하는 것입니다. 묘(廟)는 우리나라의 칠성당처럼 동네마다 각종 신을 모셔놓은 사당이지요. 그 속에는 공자, 관운장, 화타, 문수보살, 여래보살 등등… 그야말로 온갖 신들을 같이 모셔놓고 있습니다. 그래서 첩첩산중이 아닌 일상생활과 가장 밀접한 장소에 위치하며 묘(廟) 앞은 자연스럽게 중심 저잣거리가 되지요.

36강

"把" 구문

• 본 과의 목표 : 빈어전치개사 '把'의 사용조건 이해하기

● **把** bǎ 빈어 전치 개사 (목적어를 부사구로 이동시키는 전치사)

● **将**(將) jiāng 빈어 전치 개사

정도보어에서 배웠던 목적어를 피치 못할 사정으로 부사방에 집어넣을 때 붙이는 이름표 '把'는 서면체에서 '將'으로도 즐겨 씁니다.

'把'의 용법에 관하여서는 이미 정도보어 시간에 배운 바가 있습니다. 그런데 무조건 목적어를 부사자리에 위치할 때 '把'만 있으면 된다고 생각을 하여 표준스타일의 문장에서 '把'를 쓰면 틀립니다.
기본형 문장에서는 사용할 수 없음.

我 看 书。 → (×) 我 把 书 看。
Wǒ kàn shū.　　　　　Wǒ bǎ shū kàn.

그래서 '把' 구문은 아무 때나 쓸 수 있는 게 아니라 일정한 조건하에서 쓸 수 있다는 말이니 그 조건을 익히는 것이 포인트겠죠.

1 了가 있을 때

我 看 书 了。
Wǒ kàn shū le.

我 把 书 看 了。
Wǒ bǎ shū kàn le.
나는 책을 보았다.

[2] 给형 동사가 있을 때

我 给 他 书。
Wǒ gěi tā shū.

我 把 书 给 他。
Wǒ bǎ shū gěi tā.

나는 그에게 책을 준다.

[3] 연동이 되었을 때

他 拿 走 我 的 书。
Tā ná zǒu wǒ de shū.

他 把 我 的 书 拿 走。
Tā bǎ wǒ de shū ná zǒu.

그가 내 책을 가져간다.

[4] 동사가 2차례 나올 때

你 看 看 这 本 书。
Nǐ kàn kan zhè běn shū.

你 把 这 本 书 看 看。
Nǐ bǎ zhè běn shū kàn kan.

당신 이 책을 한 번 보세요.

⑤ 보어가 있을 때 (31-35강 참조)

정말 눈치 빠르신 분이라면 이상 다섯 가지의 조건을 하나로 묶으실 수 있습니다. 처음 강좌를 시작할 때 문법 성분 명칭으로 주어, 술어, 목적어, 부사, 보어 외에는 쓰지 않겠다고 했는데 여기에 등장한 조건들은 공통점이 있습니다. 중국어는 어순학이랬죠. '본다'가 완료형으로 '봤다'가 될 때 '看了'가 되는데 '了'의 성분은 무엇입니까? 위치를 보세요. 술어 바로 뒤에 붙어있으니 보어의 자리죠.

'給형'동사가 간접목적어와 직접목적어를 가져오는데 목적어면 목적이지 간접 목적어라는 그 이상한 용어는 도대체 누가 만든걸까요? '에게'가 목적어일리는 없잖아요. 위치가 어딥니까? 술어 바로 등 뒤니 보어자리입니다.

동사가 같은 동사든 다른 동사든 두 번 연달아서 나왔다는 말은 동사가 두 개라는 말이 아닙니다. 어떻게 술어가 동시에 두 가지가 존재할 수 있나요. 그렇다면 나머지 하나의 위치는 어디입니까? 두 말하면 잔소리지요.

그리고 마지막으로 모든 보어는 그와 똑같은 보어자리에 위치합니다. 결론은 아무문장이나 '把'를 써서 목적어를 부사자리에 둘 수 있다는 것이 아니라 어순학상 보어자리에 해당하는 곳에 뭔가가 있을 때만 가능하다는 말입니다.

물론 정도보어나 장소를 나타내는 보어구처럼 사랑방을 차지하면 '把'를 써야만 완벽한 한 문장을 만들 수 있지만요.

나홀로 연습

이제까지의 내용이 이해가 되었으면 다음의 말들을 머릿속에서 만들고 소리내어보세요.

그가 옷을 샀다.
아버지가 나에게 돈을 주신다.
그가 그 옷을 사갔다.
당신 이 음악 좀 들어보세요.
당신 이 영화를 한번 보세요.
나는 그 책을 다 보았다.
그는 밥을 빨리 먹는다.
그는 나의 사진을 벽 위에 붙였다.

■ **양축(梁祝)**

나라마다 감동적인 러브스토리가 전해지는데 이태리의 로미오와 줄리엣처럼, 한국의 이몽룡과 성춘향처럼 중국에도 전해지는 아름다운 러브스토리가 있습니다. 그 중 가장 유명한 이야기로는 양산백(梁山伯)과 축영대(祝英台)의 이야기인데 4세기경 동진시대의 이야기로 남존여비의 문화 속에서 여자에게는 교육의 기회가 별로 없었던 시절 양가댁 규수인 축영대는 소문난 명사를 찾아 학문을 익히려 하였

고 이를 반대하는 부모님을 설득하고자 남장을 하고 남자로 변신하여 학문의 길로 떠나게 됩니다.

가는 도중 동기동창생인 양산백을 만나 알게 되고 몇 개월의 길을 함께하며 도착한 수학당에서 3년을 함께 공부하며 축영대는 양산백을 사모하게 됩니다. 3년째 되던 해 모친의 병환으로 귀가하라는 전달을 받은 축영대는 집으로 향하고 벗인 양산백은 이를 여정의 중간까지 전송하게 되는데 약 3개월에 걸친 전송기간 내내 축영대는 자신이 여자라는 암시를 끊임없이 하지만 양산백은 이를 눈치 채지 못하고 맙니다. 마지막 수단으로 축영대는 자신과 닮은 여동생이 있는데 혼인의 생각이 있느냐고 물어본 후 이를 승낙한 양산백과 함께 여동생을 대신한다는 명목하에 혼약을 약속하는 기도를 올리고 집으로 떠나가지요.

다시 서당으로 돌아온 양산백은 짐도 풀기 전 사모에게 불려가 축영대가 사실은 여자라는 사실을 전해 듣고 다시 축가로 길을 떠납니다.

함께 했던 길을 가며 여러 차례 축영대의 암시를 그제서야 눈치 챈 양산백은 스스로를 둔하다고 자책하며 몇 개월이 지나 축가에 도착을 합니다. 여장을 한 축영대와 다시 상봉한 산백의 마음은 기쁘기 그지없었는데 이도 잠시 사실은 축씨 집안에서 축영대를 마씨 집안 도령과 정략결혼을 시키기 위하여 집으로 불러들인 사실을 알게 되고 이에 충격을 받아 집으로 돌아가 앓아 누워있던 중 목숨을 잃고 맙니다.

축영대가 출가하는 날 꽃가마는 양산백의 무덤이 있는 남산을 지나게 되고 무덤가에서 가마행렬을 쉬게 한 후 스스로 상복으로 갈아입은 영대가 나와서 산백의 무덤 앞에서 곡을 하지요. 그때 뇌성벽력이 치고 천지가 흔들리며 산백의 무덤이 갈라지는데 영대는 그 속으로 뛰어들고 무덤이 다시 닫혀 버리고 맙니다. 수종들이 무덤가로 삐져나와있는 아가씨의 옷깃을 잡아당기자 한 쌍의 나비로 변해 날아갔다는 슬픈 이야기입니다.

1962년에 이한상 감독의 양산백과 축영대라는 영화로 제작되어 50년이 지난 지금에도 감동을 주는 걸작으로 전해지고 있지요. 수많은 무대극과 여러 형태의 공연예술로 성행하며 바이올린 협주곡은 거의 모든 악기로 즐겨 연주하는 명곡이 되었습니다.

37강

사역문

• 본 과의 목표 : 사역문에 사용되는 동사를 익히고 문장을 구성하기

- **使** shǐ …로 하여금 …하게 하다

- **叫** jiào …로 하여금 …하게 하다

- **让**(讓) ràng …로 하여금 …하게 하다

- **令**(令) lìng …로 하여금 …하게 하다

- **教**(敎) jiào …로 하여금 …하게 하다

- **给**(給) gěi …로 하여금 …하게 하다

- **请**(請) qǐng 청하다, 부탁하다

- **知道** zhīdào 알다

중국어의 모든 어법과정은 완료가 되었습니다. 본 사역문을 어법으로 볼 필요가 없습니다. 별난 동사의 한 부류로 보시면 되는데 '~로 하여금 ~하게 하다'는 단순동사로 보고 그 내용을 목적어처럼 가져오면 아무런 예외가 없습니다. 단어만 외우면 되겠네요.

我 使 他 去。
Wǒ shǐ tā qù.

我 叫 他 去。
Wǒ jiào tā qù.

我 让 他 去。
Wǒ ràng tā qù.

나는 그를 가게 했다.

妈 妈 叫 我 去 学 校。
Mā ma jiào wǒ qù xué xiào.

엄마는 나를 학교에 가게 했다.

爸 爸 叫 我 念 书。
Bà ba jiào wǒ niàn shū.

아버지가 내게 책을 읽으라고 했다.

哥 哥 叫 我 去 买 东 西。
Gē ge jiào wǒ qù mǎi dōng xi.

형이 나더러 물건을 사오라고 했다.

他 让 我 吃 饭。
Tā ràng wǒ chī fàn.

그가 내게 밥 먹으라고 했다.

我 让 他 知 道 这 件 事。
Wǒ ràng tā zhī dào zhè jiàn shì.

나는 그가 이 일을 알게 했다.

我 知 道 他 不 让 我 去。
Wǒ zhī dào tā bù ràng wǒ qù.

나는 그가 나를 못 가게 할 거란 걸 안다.

이제까지의 내용이 이해가 되었으면 다음의 말들을 머릿속에서 만들고
소리내어보세요.

그가 나를 마음 아프게 만든다.
아내가 나보고 밥하라고 했다.
그가 나로 하여금 너에게 알려주라고 했다.
너는 그로 하여금 이 일을 알게 하지 말아라.

■ 백사전(白蛇传)

중국의 2대 러브스토리라고 하면 양축과 백사전이 거론되지요. 송 나라 때 전해지는 민간설화로 아름다운 중국의 항저우, 시후를 배경으로 한 이야기입니다.

천년의 도를 쌓은 백사 백소정 (白素贞)은 선비 허선(许仙)에게 반하게 되고 비내리는 서호가에서 우산을 빌려주고 인연을 맺게 되어 부부의 연을 맺은 두 사람은 행복하게 살았지만 금산사(金山寺)의 법사인 법해(法海)스님

이 허선의 아내가 요괴임을 알고 이를 일러주어 허선은 충격을 먹고 쓰러지게 됩니다. 허선을 살리기 위하여 선산으로 영약을 구하러 간 백소정은 선산을 지키는 신선들과 일전을 벌이게 되고 그녀의 진심을 알게 된 남극선옹의 도움으로 영약을 구한 백소정은 허선을 구해내지요. 하지만 법해는 허선을 금산사(金山寺)에 감금하고 이를 찾으러 간 백소정과 다시 한 번 법력대결을 벌이게 되고 백소정은 법해에게 패합니다. 금산사(金山寺)를 탈출한 허선을 만나 백소정은 자신이 뱀의 화신임을 고백하지만 허선은 그녀의 진심을 알고 함께 하게 되는데 법해가 다시 백소정을 잡아가 뇌봉탑(雷峰塔)에 봉인시키자 동생인 소청이 아미산에 들어가 도술을 연마하여 법해를 이기고 백소정을 구출해 허선에게 데려다 준다는 이야기입니다. 혹은 금산사(金山寺) 앞의 대결에서 백소정은 자신의 천년법력을 버리고 인간이 되어 허선을 찾아가는데 이

를 죽이려던 법해가 백소정의 진심을 알고 두 사람의 사랑을 맺어준다
고 하기도 합니다.

　경극에서도 많이 공연되고 일본에서는 동양최초의 컬러장편 애니메
이션으로 자국의 이야기가 아닌 이 백사전(白蛇傳)을 제작한 바가 있으
니 그 이야기는 다른 나라에까지 감동을 준 것이라 하겠습니다.

38강

피동문

· 본 과의 목표 : 동사를 피동 형태로 바꾸고 문장을 완성하기

- 被 bèi …당하다

- 给(給) gěi …에게 …당하다

- 骂(罵) mà 욕하다

- 顿(頓) dùn 번, 차례

- 死 sǐ 죽다

- 偷 tōu 훔치다

- 车(車) chē 차

모든 동사는 피동의 형태가 있을 수도 있습니다. 훔치다는 도둑맞다로, 때리다는 두드려맞다로, 먹다는 먹히다로. 그러한 피동의 형태는 따로 존재하는 것이 아니라 단지 그 동사앞에 被 한글자만 붙이면 됩니다. 이때 피동의 주체를 被 뒤에 두어 부사구처럼 사용하면 되지요.

그러나 여기서 복잡한 문법구조를 이야기하자면 머리가 깨질 거에요. 그래서 지금까지 저와 공부하신 분들만 알아들을 수 있는 한마디말로 완성하겠습니다.
피동문은 보어성분이 있어야만 완성된 문장이 됩니다. 다음 과정을 보시고 마지막 완성문을 참조해 보세요.

我 打。 → 　　　我 被 打。
Wǒ dǎ. 　　　　　　　Wǒ bèi dǎ.
나는 때린다. 　　　　　나는 맞는다.

我 被 他 打 死。
Wǒ bèi tā dǎ sǐ.
나는 그에게 맞아죽는다.

我 看。 → 　　　我 被 看。
Wǒ kàn. 　　　　　　　Wǒ bèi kàn.
나는 본다. 　　　　　　나는 들킨다.

我 被 妈 妈 看 见。
Wǒ bèi mā ma kàn jiàn.

나는 엄마에게 들킨다.

被 卖。　　　→　　　这 个 东 西 被 卖。
Bèi mài.　　　　　　　Zhè ge dōng xi bèi mài.

팔리다.　　　　　　　이 물건은 팔린다.

这 个 东 西 被 中 国 人 买 走 了。
Zhè ge dōng xi bèi Zhōng guó rén mǎi zǒu le.

이 물건은 중국 사람에게 팔려갔다. (의역)

我 骂。　　　→　　　我 被 骂。
Wǒ mà.　　　　　　　Wǒ bèi mà.

나는 야단친다.　　　　나는 야단맞는다.

我 被 老 师 骂 了 一 顿。
Wǒ bèi lǎo shī mà le yī dùn.

나는 선생님께 한바탕 꾸지람 들었다.

我 让 老 师 给 打 了。
Wǒ ràng lǎo shī gěi dǎ le.

나는 선생님에게 맞았다.

이제까지의 내용이 이해가 되었으면 다음의 말들을 머릿속에서 만들고 소리내어보세요.

나는 선생님에게 한판 맞았다.
내 자전거를 도둑놈에게 도둑맞았다.
아버지가 알게 되시면 나는 아버지에게 맞아죽을 것이다.
사랑받다 (장씨성을 가진 모가수 노래제목)

■ 장국영(张国荣, 張國榮)

《世上有一種沒有腳的小鳥，它一生都在不停的飛呀飛，累的時候就在風裏休息一下。這種鳥一輩子只能下地一次，就是它死的那一次。 세상엔 발 없는 새가 있어. 일생을 날아다니다 힘들면 바람 속에서 쉬지. 그 새는 딱 한 번 땅에 내려오는데, 그건 바로 죽을 때야. —영화『아비정전(阿飛正傳)』중—》

매년 4월 1일 홍콩에는 2003년 만우절날, 세상에서 가장 슬픈 거짓말을 끝으로 우리 곁을 떠난 장국영을 기리는 추모행사에 참석하기 위해 전 세계 각국에서 몰려든 팬들로 북적입니다.

이 날, 그의 마지막 장소가 되었던 만다린 호텔과 스타의 거리(星光大道), 마담투소(蠟像館)등은 팬들이 보내온 꽃들로 가득 차게 되고 홍콩의 꽃가게들은 때 아닌 호황을 누리게 된다는 말도 있습니다. (1년에 두 번, 장국영의 기일과 생일)

가수로 데뷔해 영화배우로서도 최고의 자리에 올랐던 그는 팬들에게 오빠라는 뜻의 '꺼거(哥哥)', 혹은 광동식 발음으로 '꼬고'라는 애칭으로 불리며 지금껏 사랑받고 있는데요. 무협물과 성룡식 코믹액션, 홍콩 느와르 등의 장르를 거쳐 오며 줄곧 거친 남자들의 세계를 그려왔던 홍콩 영화 속에서 유독 모성애를 자극하는 앳된 얼굴과 특유의 감수성어

린 연기는 불안한 미래를 짊어진 홍콩 젊은 세대들을 가장 잘 대변해 줄 뿐 아니라, 상처받은 바람둥이 연기를 그 만큼 잘 표현해내는 사람은 지구상에 없다는 극찬을 받을 정도였죠.

우리나라에는 영화 『영웅본색』 시리즈와 『천녀유혼』 등으로 친숙해졌고, 88년 발매한 앨범으로 그때까지 생소했던 중국(광동어) 노래를 한국 가요시장 안에서 대히트를 치게 만든 장본인이기도 했지요. 8~90년대 청소년기를 보낸 세대, 혹은 중국어를 하는 사람 중에 장국영의 노래와 영화에 영향을 받지 않은 사람이 얼마나 될까요.

잘생긴 얼굴에만 집중해 연기력이나 가창력을 보려 하지 않는 언론들 탓에 자신의 외모가 콤플렉스라는 망언도 남겼던 그는 『아비정전(阿飛正傳)』, 『패왕별희(霸王別姬)』, 『해피투게더(春光乍洩)』, 『동사서독(東邪西毒)』 등의 작품들을 거치면서 그야말로 외모와 연기력을 모두 갖춘 최고의 배우로 성장하게 됩니다.

그러나 마음은 늘 상처로 가득했던 배우, 웃고 있었지만 가슴속은 눈물로 가득 찼던 가수. 그 발 없는 새는 영화로, 노래로 사람들의 마음속에서 여전히, 영원한 하늘을 날고 있습니다.

– 특별기고 이진희

비교문

• 본 과의 목표 : 두 가지 비교문 만들기

- 比 bǐ …에 비하여, …보다

- 更 gèng 더, 더욱

- 还(還) hái 더

- 英俊 yīngjùn 핸섬하다

① 절대비교

'A가 B보다 ~하다'는 'A>B'나 'A<B' 식의 관계가 성립될 때 사용하는 것으로 '比' 한글자로 부사구를 활용하듯 쓰면 됩니다.

두 번째 문장에서 '比他'는 첫 번째 문장의 '很'과 동등한 지위를 가집니다.

그래서 비교문에서는 형용사를 수식하는 매우 따위의 수식어를 첨가할 수 없고 오직 '더'라는 의미의 '更'이나 '还'만이 올수 있죠. 그리고 가장 많은 실수를 범하는 부정문에서 부사를 포함하여 부정해야 하기 때문에 '不'의 위치가 '比他'라는 부사구 앞에 위치해야 합니다.

시험문제의 초절정 단골메뉴죠.

我 很 大。
Wǒ hěn dà.
나는 크다.

我 比 他 大。
Wǒ bǐ tā dà.
나는 그보다 크다.

我 比 他 更 大。
Wǒ bǐ tā gèng dà.
나는 그보다 더 크다.

我 比 他 还 大。
Wǒ bǐ tā hái dà.

나는 그보다 더 크다.

我 不 比 他 大。
Wǒ bù bǐ tā dà.

나는 그보다 크지 않다.

다시 한 번 정리해봅시다.

老 师 很 英 俊。
Lǎo shī hěn yīng jùn.

선생님은 잘생겼다.

老 师 比 정우성 英 俊。
Lǎo shī bǐ 정우성 yīng jùn.

선생님은 정우성보다 잘생겼다.

老 师 比 정우성 更 英 俊。
Lǎo shī bǐ 정우성 gèng yīng jùn.

선생님은 정우성보다 더 잘생겼다.

老 师 比 정우성还 英 俊。

Lǎo shī bǐ 정우성 hái yīng jùn.

선생님은 정우성보다 더 잘생겼다.

老 师 不 比 정우성 英 俊。

Lǎo shī bù bǐ 정우성 yīng jùn.

선생님은 정우성보다 잘생기지 않았다.

② 동등비교

비교를 하는 데 있어서 앞의 경우처럼 수학적으로 'A>B'나 'A<B' 'A≧B'나 'A≦B' 처럼 되는 경우도 있습니다.
'너보다 크다'가 아니라 '너만큼 크다'처럼 말입니다. 그럴때는 정도를 나타내는 말로 중국어는 항상 술어 '有'를 쓰지요.
아래 예문상의 '那么'는 없어도 됩니다.

我 有 他 那 么 高。

Wǒ yǒu tā nà me gāo.

나는 그만큼 키가 크다.

我 没 有 他 那么 高。

Wǒ méi yǒu tā nà me gāo.

나는 그만큼 키가 크지 않다.

她 有 김태희 那么 漂 亮。

Tā yǒu 김태희 nà me piào liang.

그녀는 김태희만큼 예쁘다.

她 没 有 김태희 那么 漂 亮。

Tā méi yǒu 김태희 nà me piào liang.

그녀는 김태희만큼 예쁘지는 않다.

나홀로 연습

이제까지의 내용이 이해가 되었으면 다음의 말들을 머릿속에서 만들고 소리내어보세요.

중국어가 일본어보다 쉽다.
중국어가 일본어보다 더 쉽다.
일본어가 중국어보다 쉽지 않다.
일어는 몽골어만큼 어렵다.
일어는 몽골어만큼 어렵지는 않다.

■ 술

중국은 술이 유명한데 그 술의 종류가 얼마나 되는지는 알 수가 없다고 합니다. 지역마다 유명한 현지의 특산술이 있는데 일반적으로 중국의 술을 '백주(白酒)'라고 부릅니다. 이 백주는 색깔이 하얘서가 아니라 일반서민이 누구나 즐겨 마시는 술로 중국역사상 술로 그 이름을 알렸던 시인 이백의 이름에서 따온 말입니다.

소위 8대 명주라고 하는 백주는 茅台酒, 汾酒, 五粮液, 剑南春, 西风酒, 泸州老窖, 古井贡, 董酒 등을 말하는데 특히 꾸이저우에서 생산하는 마오타이는 세계적으로 유명하지만 워낙 유명한 탓에 대부분 가짜가 도는 부작용도 자아냈습니다.

꾸이저우의 마오타이가 유명하자 베이징에 또 다른 공장을 차렸는데 두 가지의 맛이 달라지자 학자들을 총동원하여 그 원인을 찾아내려고 한 이야기는 유명합니다. 결국 물로부터 모든 재료를 꾸이저우에서 공급해 와 만들어도 기후, 공기, 미생물 등의 조건으로 맛이 달라짐을 알게 되었고 그래서 지금도 마오타이주는 꾸이저우공장인지 베이징공장의 것인지를 심히 따지

는 명주입니다.

일반적으로는 지역마다 그 지역의 명주가 있으니 굳이 이름난 술을 찾기 보다는 각 지역의 현지 술을 맛보는 것이 더 현명한 방법일지도 모르겠습니다.

일반적으로 백주는 50도 대의 것, 40도 대의 것, 30도 대의 것 3가지로 생산되니 도수를 잘 보고 본인에게 맞는 술을 찾는 것도 중요합니다.

관용어구

• 본 과의 목표 : 관용어구 이해하기

- **认识**(認識) rènshi 알다, 이해하다

- **丑**(醜) chǒu 못생기다

- **善良** shànliáng 착하다

- **帅**(帥) shuài 멋지다

중국어 구조학의 모든 과정을 끝낸 분들께 축하를 드리며 문법책에서는 상당히 많은 양의 문법이 등장하던데 정말 이게 다예요? 라는 질문을 듣습니다. 사실 기존의 문법체계를 한국인만이 이해하기 쉽게 대폭 축소 재구성하기도 했지만 관용어라는 것을 문법 속에 포함시키는 경우가 많아 더 복잡하게 보입니다. 간단히 말해서 관용어는 영어공부 할 때 외우던 숙어라고 생각하시면 됩니다. 여러 가지 형태가 있는데 이러한 관용어를 많이 익혀두실수록 멋진 중국문장을 구사할 수가 있습니다. 단점이라면 단어처럼 외우기만 하면 되는데도 지독하게 안 외워지고 재미가 없다는 것이지만 일단 자주 등장하는 관용어의 유형에 따라서 몇 가지를 소개해 보겠습니다.

① 숙어류

마땅히 붙일 말이 없어 영어의 숙어 같은 분위기가 난다해서 그냥 붙여 본 이름입니다.

连(連) lián **～也** yě, **都** dōu, **也都** yědōu   심지어는 ～조차도

这 个 汉 字 太 难,
Zhè ge Hàn zì tài nán,

连 中 国 人 都 不 认 识。
lián Zhōng guó rén dōu bú rèn shi.

이 한자는 너무 어려워서, 중국인조차도 모른다.

② 고어류

현대백화가 아닌 고문에서 그 형태를 가져온 것들로 한문시간이 생각나게 하는 것들입니다.

不如 bùrú   ～만 못하다

弟 弟 不 如 哥 哥。
Dì di bù rú gē ge.

동생이 형만 못하다.

不 如 明 天 去。
Bù rú míng tiān qù.
차라리 내일 가는게 낫다.

一 天 不 如 一 天。
Yī tiān bù rú yī tiān.
하루가 다르게 나빠지다.

③ 접속사류

수많은 학자들이 이러한 관용어의 성분에 대해 마땅히 명칭을 붙이지 못해 접속사라는 이름을 쓰기도 합니다.
결국은 지정할 수 없다는 의미로 허사라고도 했지만요.
이러한 접속사류는 회화상에서 가장 유용하게 사용되고 HSK시험 문제에 단골 메뉴기도 합니다.
가능한 한 많이 익혀두세요.

① 虽然(雖然) suīrán ～ 但是 dànshì   비록 ～하지만

他 虽 然 长 得 很 丑,
Tā suī rán zhǎng de hěn chǒu,

但 是 很 善 良。
dàn shì hěn shàn liáng.
그는 비록 못생겼지만 착하다

② 因为(因爲 yīnwèi) 〜 所以(suǒyǐ)   왜냐하면 〜하기 때문에 그래서

因 为 太 贵, 所 以 买 不 起。
Yīn wèi tài guì, suǒ yǐ mǎi bu qǐ.

너무 비싸서 살래야 살수 없다.

③ 不但 búdàn 〜 而且 érqiě   〜일 뿐만 아니라 게다가

他 不 但 很 有 钱, 而 且 很 帅。
Tā bú dàn hěn yǒu qián, ér qiě hěn shuài.

그는 부자일 뿐만 아니라 멋지기까지 하다.

④ 단어류

그냥 보통의 단어처럼 익혀도 될 것 같은데 굳이 관용어라고 자주
등장하는 것들입니다. 오히려 익히기에는 쉽겠죠.
문장의 분위기를 좀 더 풍성하게 해주는 어휘들입니다.

应该(應該) yīnggāi   마땅히, 당연히 〜해야한다

你 应 该 回 家。
Nǐ yīng gāi huí jiā.

넌 귀가해야 해.

지금까지 필자의 말을 믿고 따라와 주신 여러분들께 진심으로, 진심으로 감사드립니다. 넓은 세계 주유하며 멋진 인생 보내세요.

■ 중국어의 가능성

중국어를 배워서 하게 되면 도대체 어디에서 써먹을 수 있을까요? 13억 인구가 거주하고 있는 중국대륙은 당연한 이야기겠지만 그 외에도 중화민국 정부 소재지인 타이완, 특별행정구역이긴 하지만 아직은 현체제를 유지하고 있는 홍콩, 마카오도 중화권이 되며 그 외 싱가폴, 태국, 미얀마, 인도네시아, 말레이시아, 베트남, 방글라데시 등 동남아시아의 대부분 국가에서도 중국어는 통용이 됩니다.

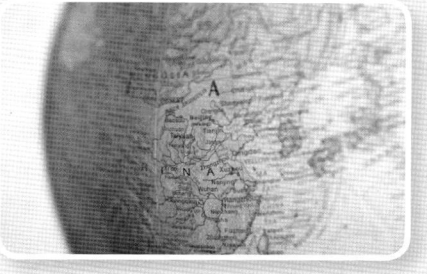

특히 일반 노동자가 아닌 경제권의 대화라면 거의 90%이상 통용이 된다고 해도 무방할 정도입니다. 그보다 더 중요한 것은 세계 각국에 퍼져있는 화교사회의 언어로 화교상권의 재화는 유태계상권의 그것을

넘어서는 위력을 과시하고 있기에 미래 세계 경제권에서 어쩌면 가장 중요한 언어가 될지도 모를 일입니다.

한국의 경우만 보더라도 최대교역대상국은 중국임이 자명한 일이니 미래성에 있어서만큼은 의심할 여지가 없지요. 중국어는 이제 한국 사람에게 선택이 아닌 필수외국어입니다.

정 답

 21강

: 완료형 "了"

老师来了

老师没(有)来

我吃饭了

我没(有)吃饭

我买水果了

我没(有)买水果，买包子了

他买了三本书

我看电影了

我看了中国电影

我看了那部电影

他没(有)听我的话

 22강

: 연결의 "了"와 词组

我吃了饭就喝茶

他喝了茶就回家

我喝了酒再吃饭

我们看了电影再买东西了

┌ 我帮他

│ 我帮他的忙

│ 我给他帮忙

└ 我帮助他

23강

: 변화의 "了"

你漂亮了

现在是夏天了

现在几点了?

六点了

公园里人很多了

我有钱了

以前他是流氓，现在是警察了

以前我喝啤酒，现在喝烧酒了

我不喝咖啡了

我不抽烟了

我买了三本书

我买了三本书了

 24강

: "了"의 관용구와 감탄문

快下雨了

都十二点了

太便宜了

这么便宜

那么便宜

怎么这么便宜

怎么那么便宜

多(么)便宜

 25강

: 과거 경험

我见过他

我喝过中国茶

我没有看过中国电影

我曾经在北京工作

我曾经是个问题儿

 26강

: 진행형

┌ 我正在看中国电影(呢)

│ 我在看中国电影(呢)

│ 我正看中国电影(呢)

└ 我看中国电影呢

27강

: 미래

下个月他会去北京的
我不会跟他说的
他会喜欢我的
我不会跟他喝酒的

28강

: 상태진행

门锁着呢
灯开着呢
桌子上放着一瓶酒
他们笑着喝酒
他们喝着酒看电视
他走着打电话
他穿着红衣服唱歌
他一边听音乐一边读书

29강

: 是～的 강조구문

这是在百货商场买的
我是昨天晚上喝酒的
(我是昨天晚上喝的酒)
我们是在明洞看电影的
(我们是在明洞看的电影)
我是在北京买过二胡的

30강

: 주술 도치구문

外边下雪了
那里闹鬼呀

啊!下雨了
突然下了一场大雨
到处闹旱灾
南部地区闹水灾
又死了一个人

31강

: 수량보어

我念了两遍
我听一下
我去过三次香港
你听一下(吧)
你吃一下(吧) 또는 你吃一口(吧)
你穿一下(吧)
漂亮一点儿
快一点儿

32강

: 결과보어

我看完了
我看错了
我看懂了
看到了
看见了

33강

: 정도보어

他吃得很快
他吃得不快
他吃得很慢
┌ 他喝酒喝得很多
└ 他的酒喝得很多

酒他喝得很多
他酒喝得很多
他把酒喝得很多

老婆叫我做饭
他让我告诉你
你别让他知道这件事

35강

: 보어구와 방향보어

他回家
他回家去
他回家来
他进餐厅去
他进餐厅来
他写在本子上
他写名字写在本子上
他把名字写在本子上
他扔到(在)床上
他扔书扔到(在)床上
他把书扔到(在)床上

36강

: "把" 구문

他把衣服买了
爸爸把钱给我
他把那件衣服买走了
你把这个音乐听一听
你把这部电影看一看
我把那本书看完了
他把饭吃得很快
他把我的照片贴在墙上

37강

: 사역문

他使我伤心

38강

: 피동문

我被老师打了一顿
我的自行车被小偷偷走了
如果爸爸知道了我就会被爸爸打死的
被爱

39강

: 비교문

汉语比日语容易
汉语比日语更(还)容易
日语不比汉语容易
日语有蒙古语(那么)难
日语没有蒙古语(那么)难

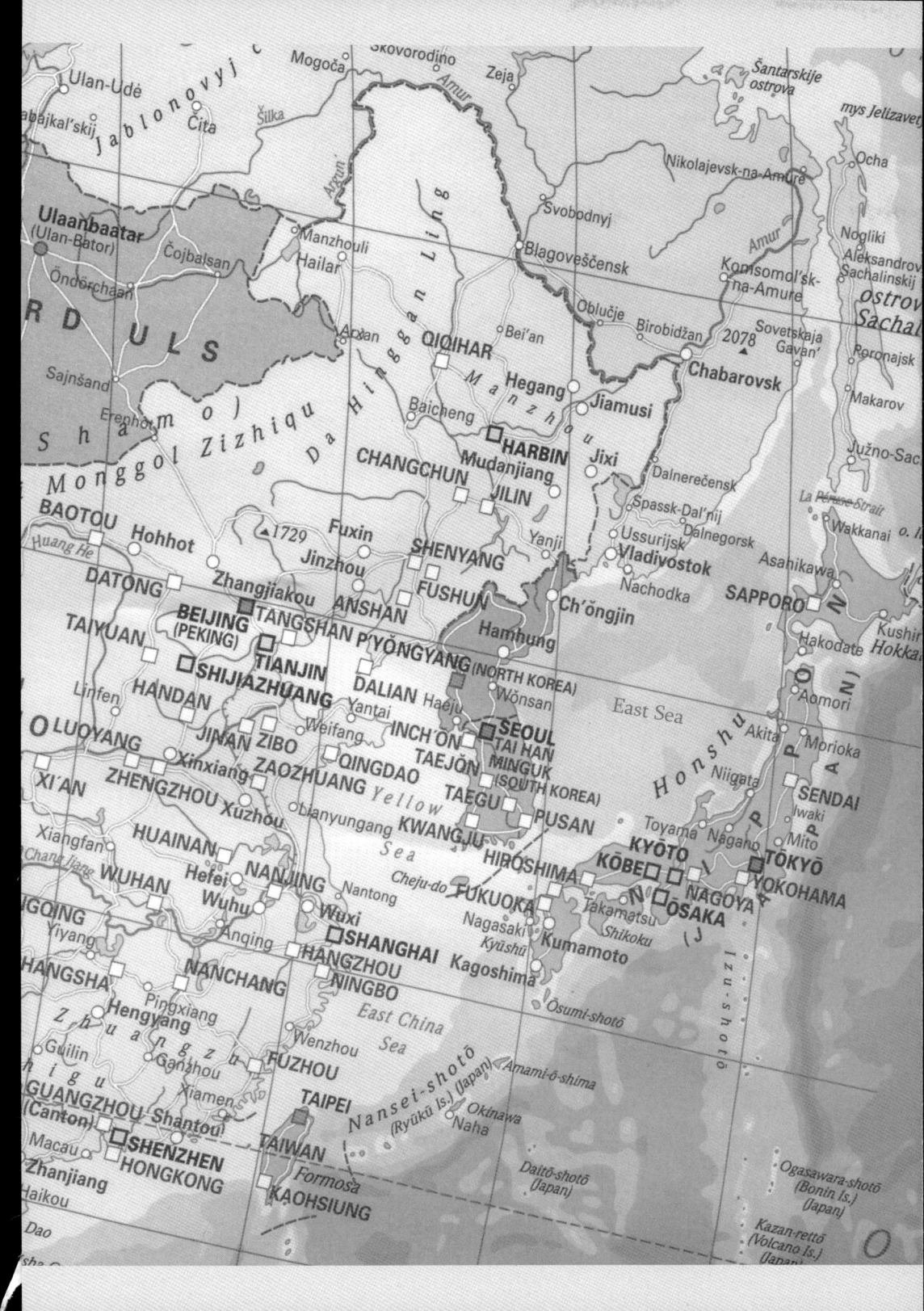